区域创新与发展研究系列

本书获得国家社科基金项目（12BJY093)资助

农村金融在创新农村社会管理中的作用研究

——基于金融资本、社会资本和人力资本融合的视角

The Role of Rural Finance in Improving the Rural Social Management

——Based on the Perspective of Financial Capital, Social Capital and Human Capital

李似鸿●著

经济管理出版社
ECONOMY & MANAGEMENT PUBLISHING HOUSE

图书在版编目（CIP）数据

农村金融在创新农村社会管理中的作用研究/李似鸿著．—北京：经济管理出版社，2016.12

ISBN 978－7－5096－4859－9

Ⅰ．①农…　Ⅱ．①李…　Ⅲ．①农村金融—作用—农村—社会管理—研究—中国　Ⅳ．①F832.35②C912.82

中国版本图书馆 CIP 数据核字（2016）第 315025 号

组稿编辑：杜　菲
责任编辑：杜　菲
责任印制：司东翔
责任校对：王淑卿

出版发行：经济管理出版社
（北京市海淀区北蜂窝 8 号中雅大厦 A 座 11 层　100038）
网　　址：www.E－mp.com.cn
电　　话：（010）51915602
印　　刷：北京九州迅驰传媒文化有限公司
经　　销：新华书店
开　　本：720mm×1000mm/16
印　　张：11.75
字　　数：207 千字
版　　次：2016 年 12 月第 1 版　　2016 年 12 月第 1 次印刷
书　　号：ISBN 978－7－5096－4859－9
定　　价：68.00 元

前　言

金融资本是货币资金在人力作用下通过一定的制度安排，对经济和社会所起的作用的总和；社会资本是指人们在生产和生活中形成的相对规范和稳定的关系；人力资本则是指通过教育、培训、保健、人口流动、就业信息等获得的凝结在劳动者身上的技能、学识、健康状况和水平的总和。三者均“不会因为使用但会因为不使用而枯竭”，均包含信任、社会网络、互惠性规范等共同价值理念。从金融层面上讲，三者发育不足并处于分离状态容易形成金融排斥，三者发育充分且处于融合状态则易形成金融包容。本书通过案例调查和资料收集，分析研究三者在农村经济和社会中的分离与融合状态及其对农村经济和社会的影响，并探寻如何更好地加强对农村经济社会的管理。从调研情况来看，三者在基层农村未能较好地融合，表现为基层金融网点中过低的存贷比、难以降低和消化的信贷固定成本、日益萧条冷落的乡村社会等。本书提出，农村金融在创新农村社会管理中，发挥作用的前提是金融知识的普及和推广、金融服务的普惠和均等；发挥作用的基础是通过金融资本和人力资本的融合来培养金融人才，通过金融资本和社会资本的融合来培育农村组织，通过社会资本和人力资本的融合来打造农村精神家园；发挥作用的路径是以组织促分工，以分工促生产，以生产促发展，通过增加收入来提高农民经济地位，进而提高农民的社会地位和政治地位。同时，由于农村地域广大、情况参差不齐，不同地方具有不同的特色和文化，通过金融参与农村社会管理要注意地方知识和国家知识、特殊知识和一般知识的掌握和融合，基于金融本身具有效率优先取向的特点，除了要完善金融组织结构外，还要重视非金融因素对农村经济和社会的影响。通过金融资本、社会资本和人力资本的融合，在继续发展商业性金融的同时，还要大力发展合作性金融、互助性金融和政策性金融，在此基础上推出金融自治区，实施乡村金融自治，通过金融自治来推进并实现乡村自治。

目 录

第一章　文献梳理：金融资本、社会资本和人力资本之间的关系探析

一、对金融资本、社会资本和人力资本的文献梳理

（一）何谓金融资本

“金融资本”一词的出现，是在20世纪初期。

一般来说，货币用来逐利，即变为资本。在古典经济学的诸多文献中，“资本”一词更多时候是与“产业”联系在一起的。比如，让·巴蒂斯特·萨伊（Jean Baptiste Say，1767－1832）说过，“在产业委靡不振的时候，资本由于无利可图，一般都处于现金状态，或锁在保险箱中，或埋于地下，以备临时的紧急需要。无论它的数量是怎样的大，它不生利益，事实上它不过是预防性的储藏，但一旦发现了这项资本能够产生与其数量相称的利益时，资本所有者便具有双重的动机来扩大资本的积累”①。

针对资本的逐利性，萨伊认为，只要是取之有道，即是通过正当途径取得，就应该予以肯定并鼓励；如果是以不正当的手段取得，则应该予以摒弃和谴责。“一个人日益增长的财富，如果是得之有道并使用于再生产方面，绝不可加以嫉视，而应该加以欢迎，看作一般繁荣的泉源。我说得之有道，因为通过掠夺或勒诈取得的财产，并不增加国民资本，他不过是从一个人手中移转到另一个人手中

① 萨伊：《政治经济学概论》，商务印书馆，1982年。

的一部分已存在的资本。这资本本来在前者的地方，后者并未做任何生产性劳动来取得它。一般地说，凡使用不正当手段取得的财物，往往也以不正当的方法去花费”①。

萨伊认为资本的取得和有效使用是人之所以是高等级动物，并与其他一般动物区别开来的象征。“积聚资本的能力，换句话说，积聚价值的能力，就是人类之所以比兽类大大优越的一个重要原因。资本就总体来说是单独交给人类使用的一种有力工具”。“可以说由积聚资本所产生的人类能力，是绝对不可限量的能力，因为，通过时间、劳动和节俭的助力，人所能积累的资本是没有限度的”②。

亚当·斯密（Adam Smith，1723－1790）认为，资财中能够“用以取得收入的部分，称为资本”。“对投资者提供收入或利润的资本，有两种使用方法，一是资本可用来生产、制造或购买物品，然后卖出去以取得利润。”“二是资本又可用来改良土地，购买有用的机器和工具，或用来置备无须易主或无须进一步流通即可提供利润的东西”③。亚当·斯密认为，资本是与生产联系在一起的，与之对应的收入，则与非生产相关，并认为“无论在什么地方，资本与收入的比例，似乎都支配勤劳与游惰的比例。资本占优势的地方，多勤劳；收入占优势的地方，多游惰。资本的增减，自然会增减真实劳动量，增减生产性劳动者的人数，因而，增减一国土地和劳动的年产物的交换价值，增减一国人民的真实财富与收入。”④“一切资本，虽然都用以维持生产性劳动，但等量资本所能推动的生产性劳动量，随用途的不同而极不相同，从而对一国土地和劳动的年产物所能增加的价值，亦极不相同。”⑤亚当·斯密把资本与生产、勤劳连接在一起，说明资本与人们在生产中的投入有关，只有把收入动起来，通过劳动与创造，把收入变成资本，从而形成更多的收入。运动中的资本势必和劳动、产业、政治力量结合，并形成巨大的力量，推动经济和社会全面发展和深刻变化。

把“资本”进一步往“金融资本”方面发展的，是德国人希法亭。

“金融资本”，最早由20世纪初期的德国人鲁道夫·希法亭（Rudolf Hilferding，1877－1941）提出，其在1910年出版的《金融资本》一书的前言中，开门见山地指出，“‘现代’资本主义的特点是集中过程，这些过程一方面表现为由

①② 萨伊：《政治经济学概论》，商务印书馆，1982年。

③④⑤ 亚当·斯密，郭大力、王亚南译：《国民财富的性质和原因的研究》，商务印书馆，1981年。

于卡特尔和托拉斯的形成而‘扬弃自由竞争’，另一方面表现为银行资本和产业资本之间越来越密切的关系。我们后面将详细说明，由于这种关系，资本便采取自己最高和最抽象的表现形式，即金融资本形式……不掌握金融资本的规律和职能的知识，就不可能理解目前的经济趋势，乃至任何一种科学的经济学和政策的时候，尤其如此”①。“金融资本的发展，根本改变了社会的、经济的从而政治的结构”②。哈唯则认为，“金融资本通过政府、公司和金融机构来运作，有效地协调了所有社会活动，使之成为一个有机整体”③。

百度百科对“金融资本”的定义如下：金融资本就是工业垄断资本和银行垄断资本在一起而形成的垄断资本。途径包括金融联系、资本参与和人事参与。

这种融合体现在三个方面：一是产业资本在扩建过程中和银行资本相结合；二是产业资本在多元化的产业延伸过程中和银行资本相结合；三是产业资本在收购、兼并、重组过程中和银行资本相结合。产业资本在其流通周期里与银行资本的融合，是现代资本运作的必然。体现了货币在市场经济中的本质及所起到的重要作用④。

产业资本和银行资本形成垄断以后，两者之间的关系发生了质的变化，它们相互渗透，日益融合，终于形成了金融资本。金融资本投资对象主要是金融产品，如投资于股票、债券、银行等。在经济全球化浪潮中，金融资本全球化是国际资本流动发展的重要阶段。

显然，上述定义中的思想也主要来源于法希亭的著作。但是，法希亭在《金融资本》一书中，多次表达的金融资本是一种社会和政治力量：“资本直接通过它自身的经济力量，间接通过使其他阶级的利益服从于它自身的利益，来获取支配国家政权的力量”，则没有在上面的定义中，得到明确而重点地体现。

秘鲁经济学家索托（Hernandode Soto）认为，资本的最初形态是资产，在有的国家，资本也只能是以资产的形式存在，资产主要服务于满足眼前的物质需要。而在有的国家（西方），资产在满足物质需要的同时，还具有另一种与之并行的功能——将资产转化为资本，通过提供其他形式的信贷和公共服务，可以让

①② 法希亭：《金融资本》，商务印书馆，2007 年。

③ Harvey D. The Urbanization of Capital. Oxford：Basil Blackwell，1985.

④ http：//baike. baidu. com/view/237874. htm？ fr = aladdin.

资产运转起来，进而获得更多的产出。[①] 资本有“死资本”（Dead Capital）和“活资本”之分，这也就形成了发展中国家和发达国家的重要分野。“死资本”只能以资产形式存在并只能服务于眼前的物质需要；“活资本”即是通过正规所有权制度，将资产中具有经济价值的部分，形成并表述出一种共识。“把资产中所有相关而重要的信息予以掌握和管理，使一种资产的潜在价值变成一种概念化的产物，便于对资产加以控制，我们就可以在所有权范围内，确认和开发资产，把它们加以组合，并与其他资产建立联系。正规所有权制度就是资本的水电站，资本也由此产生。”

资本来自于拉丁语，原意是“头”、“脑袋”，只有运用头脑才能创造资本。触摸资本的唯一方式就是建立所有权制度。一旦正规所有权制度确立，就会产生六种效应，即确定资产的经济潜能、将分散的信息纳入一种制度、建立责任和信用体系、使资产具有可交换性、建立人际关系网络、保护交易。因为有了这些效应，就意味着在产权明晰并得到保护的国家，房屋不再仅仅作为挡风避雨的工具，还被赋予了某种表述形式，能够衍生出与之并行的经济实体。[②]

索托关于资本的论述，尤其是将资本划分为“活资本”和“死资本”进一步深化了资本理论。资本如何“活起来”？除了亚当·斯密认为的要与勤劳结合，还必须有正规的所有权制度，要产权明晰并得到保护。显然，亚当·斯密对于资本和收入的论述，在索托这里得到了进一步的阐述和发展。总之，从上述文献中可知，金融资本的形成和发展，与智力、大脑、勤劳有关，金融资本的合理使用与增长则与合理的制度安排、对所有权的尊重与保护等相关。同时，金融资本的产生和使用，离不开人力资本与社会资本的共同作用。

本书即由此出发，展开调查和研究，尤其是在农村金融和农村经济、农村社会中，金融资本是以一种怎样的力量参与其中并发挥作用的，相互间又是如何交互影响的，将是本书着力的重点。

（二）何谓社会资本

一次火山爆发淹埋了菲律宾的一个小村庄，之前被疏散的居民在火山平息下

①② 赫尔南多·索托，于海生译：《资本的秘密》，华夏出版社，2007 年。

来后，面对被破坏了的房屋和建筑并没有另择吉地，卜筑安家，而是在村庄原址上重建家园。究其原因，火山破坏的是村庄的外形如房屋和建筑等，但村庄内在的精神层面的东西，如乡土社会和熟人世界中守望相助、合作共存的精神和理念，也就是村庄千百年的生存和发展所形成的文化、习惯、风俗、节庆、礼仪等组成的社会资本，并没有被火山淹埋①。

对于社会资本概念，尚没有为人们普遍认同的定义，从其基本内涵看，社会资本是相对于金融资本和人力资本的概念而言的，它是指社会主体（包括个人、群体、社会甚至国家）间紧密联系的状态及其特征，其表现形式有社会网络、规范、信任、权威、行动的共识以及社会道德等方面。社会资本存在于社会结构之中，是无形的，它通过人与人之间的合作进而提高社会的效率和社会整合度。

法国学者布尔迪厄（Pierre Bourdieu）在1986年提出社会资本概念，“社会资本是实际的或潜在的资源的集合体，那些资源是同对某种持久性的网络资源的占有密不可分的，这一网络是大家共同熟悉的、得到公认的，而且是一种制度化关系的网络”②。美国社会学家科尔曼（James Coleman）认为社会资本概念依据社会资本的功能来定义，社会资本由两个要素构成，“一是由社会结构的某些方面构成，二是能为这一结构中的行为者带来利益”③。波提斯（Alejandro Ports）认为“社会资本代表行为者的一种能力，通过这种能力，行为者因其所属社团或社会结构资格从中获益”④。博特（Ronald Burd）认为，社会资本与社会网络有关，是朋友、同事以及更一般的熟人，通过社会网络获得使用金融和人力资本的机会⑤。普特南（Putnam）认为，“社会资本是指社会组织的特征，诸如信任、规范以及网络，他们能够通过促进合作行为而提高社会效率”⑥。福山（Fukuyama）认为社会资本是由信任所产生的力量，“在社会关系中能够举例说明的，可

① Crittenden Kathleen S, Kelvin S. Rodolfo. Bacolor Town and Pinatudobo Volcano: Coping with Recurrent Lahar Disaster//John Grattan and Robin Torrence, eds., Natural Disasters, Catastrophism, and Cultural Change. One world Archaeology Series (London: Routledge), 2000。

② 布尔迪厄，包亚明译：《文化资本与社会炼金术》，上海人民出版社，1997年。

③ Coleman J. Social Capital in the Creation of Human Capital. American Journal of Sociology, 1988 (94).

④ Ports. Social capital: Its Origins and Applications in Modern Sociology. Annual Review of Sociology, 1998 (24).

⑤ 转引自张文宏：《社会资本：理论争辩与经验研究》，《社会学研究》2003年第4期。

⑥ Putnam R, Robert Leonardi and Raffaella Y. Nanettli. Making Democracy Work: Civic Traditions in Modern Italy. Princeton University Press, 1993.

促进社会合作的共享价值观和规范"①。世界银行给出的定义是，"社会资本是能够形塑一个社会的社会互动关系的数量和质量的各种制度、关系和规范。社会凝聚力对社会经济发展十分关键。社会资本不仅仅是制度的总和，还是将它们黏合起来的黏合剂"②。

Anirudlh Krishna（2000）认为社会资本可分为制度资本和关系资本，前者表现为各种市场规则和法律、制度框架；后者则表现为各种关系网络。Krishna 和 Uphoff（2002）认为社会资本可分为结构性社会资本和认知性社会资本，前者与各种社会组织相联系，尤其是作用、规则、惯例和程序以及大量有助于合作的网络，特别是互惠性集团行动构成，是客观的、外在的；后者是从思想和意识中产生的，被文化和意识形态加强，特别是有助于合作行为和互利行为的标准、价值、态度和信仰，是主观的、内在的。Paul Collier（2002）认为社会资本还可分为政府社会资本和民间社会资本，前者被定义为影响人们为了相互利益而进行合作的能力的各种政府制度，包括契约实施的效率、法律规则、公民自由；后者包括共同的价值、规范、非正式网络、社团成员这些影响个人为实现共同目标进行合作的能力的制度因素。Colletta 和 Cullen（2002）认为社会资本还可分为结合型社会资本、沟通型社会资本和联系型社会资本。结合型社会资本是一种内向型的、排他性的社会资本，有利于增进内部成员的信任和福利，如同学会、宗族会等；沟通型社会资本被认为是包容性的，有利于社会资本向外部的扩散，如各种公民性社团组织；联系型社会资本则是等级关系中的社会资本，如政府、市场和社区之间的联系。③

Herrmann Pillath 认为社会资本可分为个人的和集体的两种，从总体上说，是指一个人能利用的所有社会网络、关系和机会。Ronald Burt 强调更多的是个人的社会资本，而 James Coleman，则更多地强调集体的社会资本。发掘和利用社会资本有两种途径：一是绑定，强化现有的网络纽带；二是搭桥，搭建新的社会联结。绑定和搭桥可能处于一种紧张状态，两者都需要，但有时两者之间也要权衡

---

① Fukuyama. Social capital, Civil Society, and Development. *The Third Work Quarterly*, 2001（22）.

② http://web.worldbank.org/WBSITE/EXTERNAL/TOPICS/EXTSOCIALDEVELOPMENT/EXTTSOCIALCAPITAL/0, contentMDK: 20185164 ~ menuPK: 418217 ~ pagePK: 148956 ~ piPK: 216618 ~ theSitePK: 401015, 00.html.

③ 转引自马得勇：《东亚地区社会资本研究》，天津人民出版社，2009 年。

取舍。绑定是强化和利用现有信任和合作关系，但可能导致“低水平制度陷阱”，缺乏开放性，也许陷入封闭不利的境地而不能自拔[①]。

对社会资本既可进行强关系和弱关系之类的分类，又可进行整合型和跨越型的分类。整合型社会资本是由地缘和亲缘等闭合网络方式所形成，跨越型社会资本则强调因人口流动而造成的不同社会群体之间跨越联结而形成[②]。从整合型的角度来讲，中国农村是一个熟人社会、亲缘社会和人情社会，农村中的人情可以给人带来信任、依托、互助等各种好处[③]。这种人情网络形成的核心单位是农户家庭。在家庭组织之外，农户与农户之间形成了特定的生产、生活组织，即农村中的社会组织和团体，且往往是亲朋好友成为其中的主要成员，并在社会网络中容易形成网络互动（Social Interaction）。与整合型社会资本不同，跨越型社会资本是需要处于不同社会群体的成员跨越社会网络，并将原有社会网络进行延展而形成。中国农民在由乡入城时跨越型社会网络往往能发挥更大的作用[④]。

总之，社会资本，是人们经济活动、文化活动、社会活动与某一地点之间形成的相对稳定的规范与联系，在这种规范和联系中，人们可以取得身份的认同（即我是谁）、集体的认同（即归属感）、时空的认同（即历史感）、情感的认同（即安全感）等。

Montgomery 把社会资本这一概念引入到小额贷款领域。他认为，由于借款人的故意赖账行为会损害小组中其他成员的利益，也会损害该借款人在周围社区中的声誉和信誉度，从而会大大减少他个人的社会资本。如果借款人认为贷款的数额不足以弥补由于赖账而造成的自己在社会资本上的损失，那他就不会故意不还款[⑤]。Besley 和 Coate 则讨论了连带责任对借款人还款积极性的影响，以及小组成员通过彼此存在的社会资本，对小组中出现债务拖欠的成员施加“同伴压力”[⑥]。

由此可见，社会资本对本书涉及的农村金融和农村社会管理具有相当重要的

---

① 戴志勇：《从社会资本的角度推动中国转型——对话法兰克福财经管理大学何梦笔教授》，《南方周末》2014 年 2 月 7 日。

②④ 王春超、周先波：《社会资本能影响农民工收入吗?》，《管理世界》2013 年第 9 期。

③ 徐勇：《农民理性的扩张：“中国奇迹”的创造主体分析》，《中国社会科学》2010 年第 1 期。

⑤ Montgomery J. Social Networks and Labor - Market Outcomes: Toward an Economic Analysis. American Economic Review, 1991, 81 (5).

⑥ Besley T, Coate S. Group lending, Repayment incentives and social collateral. Journal of Development Economics, 1995, 46 (1).

意义。在地域广大的农村，社会资本在传统农村社会聚族而居、守望相助中具有深厚的积累和紧密的传承，同时，社会资本在农村非正式金融的发展中起到一种黏合和稳定的作用。特别是针对农村非正式金融，尽管基于小团体范围的社会资本不能适应大规模合作生产组织体系，但是，产生于社会资本的信用机制同样可以为正式金融安排所使用，问题的关键是如何将这种信任机制通过正式的途径传递给外部金融机构，同时不降低对组织成员的制约作用。这就需要应用社会资本理论，进行组织和制度上的创新，设计新的金融组织体系和金融产品及其服务模式，来推进农村金融和农村社会的持续稳定发展。

（三）何谓人力资本

“二战”后，战败国日本和德国遭受了战争的重创，普遍认为战后恢复和发展将相当漫长。但是，只用了 10 余年，两国经济就发展起来了并分别成为世界上当时第二、第三大经济强国。这种情况用传统的劳动、土地、资本等要素理论很难解释，因为这些有形资本在战争中也遭受了重大破坏。1979 年诺贝尔经济学奖得主舒尔茨（Theodore W. Schultz，1902 - 1998）认为，战后的日本和德国能够快速恢复并又发展成为世界强国，最重要的是两国人力资本的原因。战争虽然破坏了两国的物质资本，却较好地保持了其人力资本，两国悠久的文化传统和重视教育的基本国策，为经济发展提供了大量高素质的人力资本，使得两国经济迅速恢复和快速发展成为可能。

魁奈（Francois Quesnay，1694 - 1774）认为“构成国家财富的是人”。威廉·配第（William Petty，1623 - 1687）认为，“土地是财富之母，劳动是财富之父”。费雪（Irving Fisher，1867 - 1947）在 1906 年发表的《资本的性质与收入》一文中首次提出人力资本（Human Capital）的概念，并将其纳入经济分析的理论框架中。舒尔茨在 1960 年美国经济学年会上的演说中系统阐述了人力资本理论。人力资本一般是指“通过教育、培训、保健、劳动力迁移、就业信息等获得的凝结在劳动者身上的技能、学识、健康状况和水平的总和”。舒尔茨认为人力资本是通过投资而形成的，像土地、资本等实体性要素一样，在社会生产中具有重要的作用。舒尔茨认为人力资本是社会积累和经济增长的源泉，并运用自己创造的“经济增长余数分析法”，估算了美国 1929 ~ 1957 年国民经济增长额中，约有 33% 是由教育形成的人力资本做出的贡献。舒尔茨对人力资本的最大贡献在于他第一次系统地提出了人力资本理论，并冲破重重阻力使其成为经济学一门新的分支。舒尔茨还进一步研究了人力资本形成方式与途径，并对教育投资的收益率以及教育对经济增长的贡献做了定量研究。因此，舒尔茨被称为“人力资本之父”①。

在此之前，与舒尔茨同时代及以后对人力资本理论做出突出贡献的主要有贝克尔（Gary S. Becker，1930－2013）、明赛尔（Jacob Mincer，1922－2006）、丹尼森（Edward Fulton Denison，1915－?）等。他们从不同的角度对人力资本进行了论述，贝克尔认为，“通过增加人的资源而影响未来的货币和物质收入的各种活动，这些活动就叫人力资本投资”②。弥补了舒尔茨只分析教育对经济增长的宏观作用的缺陷，系统地进行了比较微观的分析，研究了人力资本与个人收入分配的关系③。明塞尔首次将人力资本投资与收入分配联系起来，并给出了完整的人力资本收益模型，从而开创了人力资本研究的另一分支④。丹尼森认为，知识进展能使同样的生产要素投入量的产品只需更少的投入量，促进经济增长的新技术的采用只是在知识有所进展时才有可能实现。关于人力资本的数量、投资与收入之间的关系，有学者指出，“一是劳动力市场收入直接取决于人力资本数量，二是获得的收入分配深刻地反映着个人自愿的、自利的人力资本投资决策以及基本的先天能力分配”⑤。

既然劳动者的知识、技能、体力（健康状况）等构成了人力资本，而它又是通过人力资本投资形成的，那么，这种投资就包括教育支出、医疗保健支出、迁移支出以及收集信息等方面的支出等，其中，又以教育是最重要的人力资本形成方式。

一般来讲，教育包括三种类型：一是正规教育，往往在学校等正规教育机构中进行，参加者是未开始参加工作的青少年以及重新回到学校的成年人，当然，前者占绝大多数；二是非正规教育，往往是在学校之外进行的有组织、有计划的学习和培训，参加者以成人居多，课程安排要比正规教育更灵活多样，时间也要短些，学习的内容往往是专门性的或专业性的；三是不正规教育，往往是在任何

---

① 西奥多·舒尔茨，蒋斌、张蘅译：《人力资本投资：教育和研究的作用》，商务印书馆，1990 年。
② 加里·贝克尔：《人力资本》，北京大学出版社，1987 年。
③ 加里·贝克尔，郭虹等译：《人力资本理论：关于教育的理论和实证分析》，中信出版社，2007 年。
④ 雅各布·明塞尔，张凤林译：《人力资本研究》，中国经济出版社，2001 年。
⑤ 萨尔·霍夫曼，崔伟、张志强译：《劳动力市场经济学》，上海三联书店，1989 年。

组织机构之外进行的，包括家庭传授或师徒之间传帮带等，这也是人力资本形成的重要方式。

决定人们进行人力资本投资的因素是多样的，有经济因素，也有社会因素，还有政治因素，一般认为经济因素是主要的。一些学者认为，测定某一项教育投资是否值得进行，常用方法是计算投资的内部收益率，它是贴现成本之和与贴现收益之和相等时的贴现率，可以通过下述方程求出：

$$\sum Et/(1+i)^t = \sum Ct/(1+i)^t$$

其中，Et 为 t 年的教育收入，Ct 为 t 年的显性成本和隐性成本之和，i 为内部收益率。通过这种方法，一个家庭可以把教育投资收益率（相对于整个社会的教育投资来讲，这个收益率被称为私人收益率）同其他收益率进行比较，如果教育投资的内部收益率在所有各种投资中是最高的，教育支出就是值得支付的。

以上的成本—收益分析方法同样适用于整个社会的教育投资决策和其他形式的人力资本投资决策，相应的教育投资收益率被称为社会收益率。不少学者认为，发展中国家的教育收益率一般都很高，不仅高于发达国家，也高于物质资本投资所得的收益率，并得出建议，认为在大多数发展中国家或者是经济落后地区，教育投资是富有效率的；在教育特别落后的地方，初等教育的投资收益率又最高，因而在这些地方，最有利的教育战略是大力普及初等教育；同时还认为，在教育投资收益率中，私人收益率要大于社会收益率①。

农村地区的人力资本，尤其是当下的广大农村地区，作为中国工业化进程中最重要的劳动力来源地和农产品的供应地，其人力资本又有着自身的阶段性和特殊性，特别是当前农村劳动力大规模向沿海和城市流动，本身就有利于人力资本的改善和增加。

农村教育作为农村人力资本形成的重要手段，该如何提升并完善受教育者的生产能力和生活水平，进而对经济和社会发展做出贡献？东北师范大学农村教育研究所的周兆海认为，当前农村教育发展仍面临着系统性困境，要破解这种困局，应把农村教育发展置于国家社会统一发展的逻辑框架下加以重视。他提出农村教育应在以下三个方面加以重视：一是农村教育的进阶和融合功能；二是农村教育的秩序维护和积极社会化作用；三是农村教育在提升学生能力和生活幸福感

---

① 陈宗胜：《发展经济学——从贫困走向富裕》，复旦大学出版社，2000 年。

方面的作用。通过重视教育帮助农村学生了解自身及其所处的城乡社会，帮助农村学生从中获得生活信念和价值追求①。

2015 年 10 月在南京举行的以“迎接 21 世纪挑战的农业教育创新”为主题的中外农业论坛上，美国加州大学戴维斯分校教授保罗·辛格认为，食品安全等问题是当前全人类面临的共同挑战，要最大限度地消除其中的潜在风险因素，既需要政府层面的监管，也需要农业教育担负起相应的使命；还需要以更好的生产技术、更多优秀的农业专业人才为基础。加州大学戴维斯分校另一教授海伦·罗伯茨认为，农业院校要为从事农业工作的人提供短期培训课程，推进农业知识、技术和设备普及，促进农业现代化的发展。美国康奈尔大学农业与生命科学学院麦克斯·普费弗认为，教育可以让科学知识和技术通过人才输送、知识传播等途径用于实践，要创造、教授和传播能够为社会公众和农业领域接受和应用的知识，通过人才培养和教学科研，使科学、专业的农业知识和技术为社会接受和使用，提高农业生产水平②。

二、金融资本、社会资本和人力资本之间的关系探析

信任、互惠性规范、社会网络、大众参与、互助、正直与诚实等，在一般的社会学文献中，往往被作为社会资本的核心要素。从笔者阅读相关文献以及实地调研和分析思考来看，这些也是构成金融资本和人力资本的核心要素。

（一）信任、社会网络、互惠性规范

从社会资本来讲，Partha Dasgupta（2002）认为信任是“个人对影响其本人行为选择的他人行为选择形成一种预期，他人行为选择必须在他能够观察到他人行为之前进行”③。Sztompka（1999）认为，“信任就是相信他人未来可能的行为

① 周兆海：《重视农村教育的三重面向》，《中国社会科学报》2015 年 10 月 8 日。

② 王广禄：《以教育创新推动农业发展升级》，《中国社会科学报》2015 年 10 月 9 日。

③ 达斯古普诺：《经济发展与社会资本观》，载达斯古普诺、撒拉格尔丁，张慧东等译：《社会资本：一个多角度的观点》，中国人民大学出版社，2005 年。

的赌博"[①]。他根据信任对象不同，将信任分为五类：一是他人；二是社会角色（Social Role），如对父母、医生、法官的信任；三是某一社会群体（Social Group），如某一足球队、某一届政府等；四是某一机构或组织，如学校、法院、政府、军队等；五是社会系统（Social System）、社会秩序（Social Order）或政治体制（Regime），如民主制度、市场经济体制、资本主义制度等[②]。

加州圣玛利学院学者徐贲认为，信任指的是在未来要发生的事情中，一方期待另一方的善意行动。社会学一般从两种人际关系来关注信任：群体内部的和群体与群体之间的信任，有时也会涉及人与科技的关系。信任是一种社会建构，或称机制，与其他机制（如操控、风险、权力、利益分配）一样，它的优劣是人们社会生活质量的重要检验标准。信用和诚信实际上都是信任的问题，其意义和作用不限于经济活动领域，也体现在整个社会生活中。人们从社会制度（宏观）和社会行为个体（微观）这两个方面来认识信任，微观的信任也是社会心理学的研究内容。因此，可以说，信任包括制度和个人心理这两个主要方面。从制度来看，在人的生活中，未来的偶然性使生活充满了不确定因素。社会学家米斯兹塔尔（Barbara Misztal）在《现代社会的信任》（Trust in Modern Societies）一书中指出，信任在人的生活中有三个基本作用：一是使得社会生活具有可预测性；二是增强群体感，不必随时防备人人为敌而遭暗算；三是使人际合作比较容易[③]。

从货币金融的角度来讲，席美尔说过，货币是一种社会学现象，货币要发挥作用，社会关系就必须具有一定的综合性和强度[④]。金融资本同样需要建立在信任的基础上，金融行为开始或产生，首先就要有信任的发生，恰恰需要"个人对影响其本人行为选择的他人行为选择形成一种预期，他人行为选择必须在他能够观察到他人的行为之前进行"，恰恰是"相信他人未来可能的行为的赌博"，金融行为发生的次序也可进行分类，并形成一个类似于差序格局的圈层结构，融资的次序依次为自己、血亲、近亲、邻里、医生、组织等[⑤]，与社会资本的分类极为相似。

从人力资本的角度来讲，人力资本是体现在人身上的资本，即对生产者进行普通教育、职业培训等支出，及其人口流动与迁徙等价值在生产者身上的凝结，它

①② 什托姆普卡，陈胜利译：《信任：一种社会学理论》，中华书局，2005 年。

③ 徐贲：《信任让人活得放心》，《南方周末》2014 年 1 月 30 日。

④ 席美尔，朱桂琴译：《货币哲学》，光明日报出版社，2009 年。

⑤ 李似鸿：《金融需求、金融供给与乡村自治》，《管理世界》2010 年第 1 期。

表现在蕴含于人身中的各种生产知识、劳动与管理技能和健康素质的存量总和。信任方面对人力资本的形成和作用也与社会资本、金融资本类似，对人力资本的投入与培育也需要“个人对影响其本人行为选择的他人行为选择形成一种预期，他人行为选择必须在他能够观察到他人的行为之前进行”，“一方期待另一方的善意行为”也是“相信他人未来可能的行为的赌博”，影响人力资本的形成同样是高度地和他人、社会角色、某一社会群体、社会系统、社会秩序或政治体制等相关联。

一般地，互惠性规范是社会交往中形成的有助于信任、互惠性的观念、道德、习俗的总称。显然，互惠性规范不应只是构成社会资本的专利，从金融资本或人力资本的角度来讲，互惠性规范，无论是正式的也好，非正式的也好，同样是构成金融资本和人力资本不可或缺的要素之一。金融行为的本质只有在授、受信双方实现双赢，即互惠，才有可能发生并继续发生下去。对于人力资本也是如此。人力资本的形成中，教育与学习、流动与迁徙等行为的发生，既有内部性，又有外部性；既利己（主观上），其结果也往往会利人（客观上）。所以，人力资本的形成也好，发挥作用也好，自然离不开“互惠性规范”的约束与引导，离不开人们相互交往后形成的社会关系网络。

社会资本中的社会关系网络可分为正式的和非正式的。正式的社会关系网络因加入各种实际存在的社团、工会、农会、学会、协会、基金会、互助会、合作社、宗教组织等，由此形成关系网；非正式的社会关系网，往往指在日常生活中形成的关系网，如亲友、熟人、同乡、同学、同事、战友等交流中形成的来往关系，既有传统型的社会网络，如宗族、宗教、工会、农会、同乡会等，也有现代型关系网络，如各种公益、慈善、环境保护、生产消费、供销与信用合作等。

上述这些，用于金融资本的形成和运用中同样是可行的。一个金融体系的良好运转离不开有效信息的获得，对资金使用过程的监督和管理，这些自然离不开授、受信双方所在的各种社会关系网。不管是正式的还是非正式的，如果金融资本的使用离开了这些网络，那么对资金使用者的调查与了解、监督和管理往往就成了一句空话。特别是管理和使用金融资本的金融组织机构的形式，同样包含了正式金融组织和非正式金融组织，也同样有传统金融形式和现代金融形式，所有这些同样离不开正式和非正式社会关系网络，并且这些网络对金融资本的形成和使用，有着极其重要的作用和意义。

而在人力资本当中，其形成和发挥作用一样离不开社会关系网络，作用于人力资本形成中的教育与学习，既有在正式的学习环境里，如在小学、中学和大学等各种学校，在各种教育机构中的学习与培训，也有在非正式的环境下，如在各种社会网络环境下的模仿、因袭、言传、身教、暗示、攀比等。特别是人们在知识的获取方面，既要获取正式的可编码的知识，也要熟悉并掌握非正式的不可编码的知识；既要有课堂书本知识的学习和掌握，也要有社会实践经验的汲取和运用。甚至可以说，有怎样的社会关系网络，就会形成相应的人力资本。

总之，社会资本、金融资本和人力资本，在社会网络这方面都有共通的一面。

至于大众参与、互助、正直与诚实，不管是社会资本，还是金融资本或是人力资本都是其形成、发展和保持良性运行中不可或缺的重要因素。无论是金融资本，还是社会资本和人力资本，一旦离开了大众参与、互助、正直和诚实（更不要说前面的信任、互惠性规范等），就会成为无本之木，无源之水。

（二）信任、社会网络和互惠性规范之间的关系

信任、社会网络和互惠性规范三者间还存在着内在的一致性，即三者之间相互联系和相互影响，而这种相互间的联系和影响可以同样地作用于社会资本、金融资本和人力资本。比如，信任作为社会资本的要素，人们之间由于有了信任可以减少交易成本，提高经济效益，促使人们更加宽容，更加善待他人，从而加强人们的合作和互助，可以增进人们的经济利益，提升人们的幸福感。这些，实际上也就积累了金融资本，优化了人力资本。金融资本的形成与提高，有赖于人们之间的相互信任，加强合作，无论是情感上还是经济上，做到有来有往，常来常往，从而在信任的基础上建立起信用关系。由于有了信任，在资金的使用和调节上，相互之间互通有无，一方面以有补无，另一方面又从无到有。由于有了信任，金融资本能够在人们之间快速、高效地流动，正如富兰克林所说，“善付款者是他人钱袋的主人”①。这样，人们通过建立在信任的基础上的合作和交流，也就能够实现相互之间的研习和借鉴，相互之间的经验交流和相互学习，实际上就提高了各自的素养和技能，从而又极大地提升了人力资本。

社会网络和互惠性规范对金融资本和人力资本的作用，与对社会资本的形成和作用一样。社会网络被认为是构成社会资本的前提条件，是信任得以形成的载体，社会

---

① 马克斯·韦伯，康乐、简惠美译：《新教伦理与资本主义精神》，广西师范大学出版社，2010 年。

网络为个人提供了各种信息、各种机会、各种参与事件的途径和提升技能的平台，而这些既促进了社会资本的形成和发展，又促进了金融资本的增强和人力资本的提升。信任、社会网络和互惠性规范在社会资本中的作用只有在不断交往中才能形成、加深、优化和发展；同样，信任、社会网络和互惠性规范在金融资本和人力资本中，也只有不断实践和经常使用才会越来越可信可靠，越来越便利可用，越来越强化优化。

波提斯（Ports）认为，经济资本存在于人们的银行账号里，人力资本存在于人们的头脑中，而社会资本则内在于人们的人际关系的结构中；社会资本同时具有私人物品和公共物品的双重性质①。奥斯特罗姆（Ostrom）认为，拥有社会资本，一个人必须与他人有关，正是别人而非他自己实际成为他的优势资源②。奥斯特罗姆还指出，社会资本不会因为使用但会因为不使用而枯竭③。事实上，上面这些对社会资本的判断和认识，同样适用于金融资本和人力资本。特别是，金融资本也好，人力资本也好都是越使用越丰富，越使用越熟练，而一旦停止使用，则会变得生疏和笨拙，变得僵化和枯萎。这些，恰恰与社会资本一样，“不会因为使用但会因为不使用而枯竭”。可以说，信任、社会网络和互惠性规范正是金融资本、社会资本和人力资本的交集所在，如图1－1所示。

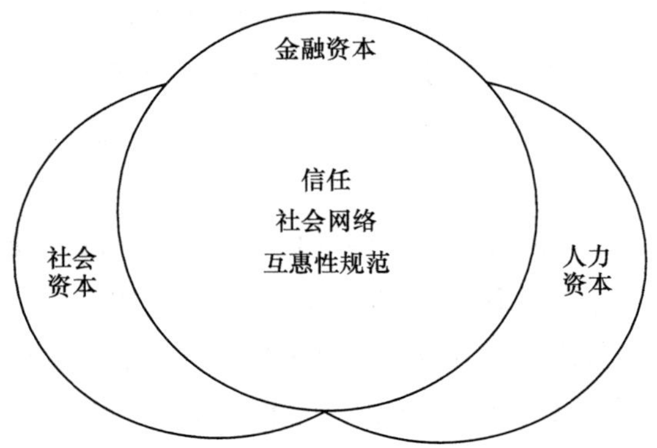

图1－1　金融资本、社会资本与人力资本之间的关系

---

① Ports A. Social Capital: Its Origins and Applications in Modern Sociology. Annual Review of Sociology, 1998 (24).

② 奥斯特罗姆：《流行的狂热抑或基本概念?》，载曹荣湘等译：《走出“囚徒困境”：社会资本与制度分析》，上海三联书店，2003年。

③ Grootaert C, van Bastelaer T. The Role of Social Capital in Development: An Empirical Assessment. Cambridge University Press, 2002.

这也正是本书要把金融资本、社会资本和人力资本融合起来，用于观察和研究农村经济和社会的原因所在。当前农村，人口老化，劳动力外流严重，经济和社会正在“空心化”，收入差距日益扩大，甚至贫困化程度在一些地区日益严重。特别是随着广大农村地区的金融资本和人力资本外流严重，社会资本日益衰退，农村地区原有的信任、社会网络和互惠性规范正在遭到损坏。市场经济本质上又是一个合作经济、双赢经济，一旦人们之间的信任和合作难以进行，反之又会加大贫困，拉开收入差距。人们之间收入失衡，差距拉大，反之又影响了人们之间的合作，降低社会网络的关联性，影响社会资本的形成。

美国耶鲁大学心理学助理教授、人类合作实验室主任大卫·兰德的最新研究表明，一旦人们的收入差距扩大，势必影响相互间的合作行为。他们的实验显示，当被试对象不知道对方的财务状况时，合作互助效果较好，而当被试对象知道自己与他人之间存在巨大的财富差距时，社会架构开始分解，财富差距进一步扩大。随着贫富差距愈加显著，社会网络的互联性降低，合作减少，社会总财富下降。研究人员表示，这些说明财富不平等的可见性或许会比存在不平等这一事实本身产生更大的社会影响①。

如何破解上述困局，笔者认为，既要在人们的社会关系方面实现包容、合作和互助，又要在人们的经济关系方面实现分享、互动和双赢。即实现金融资本、社会资本和人力资本的有效融合。只有这样，才能逐渐缩小收入差距，并有效降低贫困发生率。

所谓包容，表现在经济方面，指倡导机会平等的增长，最基本的含义是公平、合理地分享经济增长。2007 年亚洲开发银行提出，通过实现包容性增长（Inclusive Growth）来寻求经济和社会的经济协调发展、可持续发展。2015 年 11 月，亚太经合组织（APEC）第 23 次领导人非正式会议的主题就是“打造包容性经济，建设更美好世界”。《新加坡经济评论》（Singapore Economic Review）专栏作者、经济学家罗杰得奥·V. 梅尔卡多（Rogelio V. Mercado）认为，对于亚太地区而言，虽然近 10 年来，该地区经济高速增长，但贫困和收入不平等问题依然是困扰区域经济发展的顽疾，如何给人们带来更公平的创业机会，金融领域的改革势在必行。金融包容性（Financial Inclusion）是包容性经济中的关键环节，

---

① 王悠然：《美学者研究表明贫富差距阻碍社会合作》，《中国社会科学报》2015 年 9 月 18 日。

尤其是在制订长期的消费和投资计划、参与市场计划及应对不可知的短期金融危机过程中，发挥着重要作用。“理解金融包容性与贫困问题、收入不平等问题之间的关系，从国家层面影响政策制定者，才可以拓展一个国家的金融服务水平，慢慢消除贫困和收入差距不平等因素”①。

法国普瓦捷大学教授帕特里克·萨维当（Patrick Savidan）指出，分享型经济的发展，特别是在工作中与他人的合作、互相帮助，来加强社会与个体之间的团结与紧密关系，为法国人提供了额外的工作机会，使人们既可以通过参与这些工作来改善自己的生活，也为亲友提供更多的保障。另一学者皮萨尼认为，在分享型经济条件下，最初的要约往往是基于社会关系和道德基础的共享，这样的做法有利于人们超越自己熟悉并已经习惯的社区群体，扩展到更广阔的个人和社会关系，尽管这种关系比较松散，但可由此培育出更大型、更有效的系统来提供商品和服务资源，同时有利于加强社会个体的互动与相互团结②。

三、金融资本、社会资本和人力资本的分割与融合：金融排斥与金融包容

（一）金融排斥

一般认为，金融排斥（Financial Exclusion）是指在金融体系中人们缺少分享金融服务的一种状态，包括社会中的弱势群体缺少足够的途径或方式接近金融机构，以及在利用金融产品或金融服务方面存在诸多困难和障碍。实质上，金融排斥是面对弱势群体和低收入群体的社会排斥，是金融资本、社会资本和人力资本严重不足并相互分割时的一种状态。

金融排斥最早被金融地理学家关注，是“新金融地理”的研究方向之一，研究的重点是居民到金融服务网点的实际距离及由此对居民获得金融服务便利性的影响。研究主要集中于大量金融零售网点在贫困社区的撤并、银行和住宅互助

① 侯丽：《包容性经济增长重在公平与合理》，《中国社会科学报》2015 年 11 月 20 日。

② 转引自姚晓丹：《分享型经济激发人们首创精神》，《中国社会科学报》2015 年 11 月 11 日。

协会的分支机构在贫困社区的关闭、贫困社区居民因到金融服务网点较远和交通不便而获得金融服务的难度三个方面。

Leyshon 和 Thrift 于 1995 年撰文指出，20 世纪 90 年代中期，随着管制放松、信息技术发展及全球化趋势加深，银行业形成以价值最大化为目标，进入"为质量而战"（Fight to Quality），出于控制风险、降低成本、增加利润等考虑，在城市等地扩大服务种类与范围的同时，将一些小城市、农村及边远地区的分支机构纷纷关闭，并排斥对一些低收入群体的金融服务；金融机构在一个地区撤出金融服务，一般是由于低经济增长、社会问题和衰落的环境，而一个地区缺少金融服务则可能遏制小企业的起步，抑制该地区的商业发展，由此也产生了长期金融排斥导致的极化效应，即造成富者越富、穷者越穷，即更富裕的地区因受到更好的服务而更加繁荣，衰落的地区则由于金融服务缺乏而更加贫穷甚至更加衰落，金融可能成为马太效应的推进器和加速器①。

Kempson 和 Whyley（1999）认为，金融排斥是一个多维度的动态复合概念，不仅与金融服务的地理可达性即地理排斥有关，而且还包括评估排斥、条件排斥、价格排斥、营销排斥和自我排斥五个维度。评估排斥是指客户接近金融资源排斥性，如通过风险评估程序和地理条件限制了客户接近金融资源；条件排斥是指附加于金融产品的条件不适合某些人群，如过分强调担保抵押等；价格排斥是指难以支付获得金融产品需要的价格；营销排斥是指一些人被排除在金融机构产品营销目标市场之外；自我排斥指当人们认为申请获得金融产品的可能性很小被拒绝的可能性很大时，自动把自己排斥在获得金融服务的范围之外②。

Cebulla（1999）从引发排斥的主体不同将金融排斥划分为结构排斥和主体排斥，前者是指由机构或金融系统引发的排除；而后者是指个人主动地拒绝或避免接受金融服务③。Claessens 和 Perotti（2007）认为由于内部人为设置的障碍，弱势家庭和小企业从银行获得的信贷比率过低，这种限制会导致经济发展和收入

① Leyshon A. Thrift Geographies of Financial Exclusion: Financial Abandonment in Britain and the United States. Transactions of the Institute of British Geographers, New Series, 1995（20）.

② Kempson E & Whyley C. Kept out or Opted out? Understanding and Combating Financial Exclusion. The Policy Press, 1999.

③ Cebulla A. A Geography of Insurance Exclusion: Perceptions of Unemployment Risk and Actuarial Risk Assessment. Area, 1999, 31（2）.

分配的不平等①。

后来越来越多的经济和社会学家开始关注这个问题。将金融排斥的研究由金融地理学转向社会文化方面，认为人们遭受金融排斥之后，生产和生活会越来越紧张和拮据，最终遭受到社会排斥。2005 年在布里斯班召开的金融排斥与微观金融会议将金融排斥定义扩展到区域层次，指出金融排斥不仅适用于个人，也适用于区域，人们才从区域空间的角度认识金融排斥。为了避免或减少因金融排斥而导致社会排斥并由此带来一系列的经济和社会问题，不少国家纷纷行动起来并制定了相应法规。

在美国，政府制定《平等信贷机会法》（Equal Credit Opportunity Act）、《社区再投资法》（Community Reinvestment Act），倡导公平放贷，特别是为低收入社区及农村提供的存贷款服务，从而防止金融机构或部门在低收入地区撤并机构，同时提供强有力的政策支持体系和比较完备的农村金融法律体系来解决金融排斥。《平等信贷机会法》禁止基于种族、肤色、宗教、国籍、性别、年龄、婚姻状况、接受公共援助等因素的歧视。《社区再投资法》明确要求每个联邦金融检查部门应评估相关存款机构的业务记录，在安全稳健开展业务的同时，是否满足整个社区，包括整个中低收入群体的贷款要求；规定银行业的评级考量指标之一就是其在低收入社区提供的存贷款服务，从而防止金融机构或部门在低收入地区撤并机构；同时制定最高费用界限，减少替代性金融服务的成本；通过增加金融超市、邮局、非营利机构、建立社区银行等方式来解决对弱势群体的地理排斥问题，使其尽可能得到贷款。此外，还通过对金融服务产品的创新等方式来满足适合低收入群体的贷款品种，同时给予极弱势的群体以金融救助来使其也可以开立储蓄账户，享受基本的金融服务。

英国政府针对国内存在的金融排斥，认为是金融市场失灵的一种表现，具有显著的负外部性，需要政府采取适当的措施进行干预，实施政府出资推动解决金融排斥问题。为此 1997 年成立金融服务局（Financial Service Authority，FSA），三年后出台《2000 年金融服务与市场法》（Financial Services and Markets Act 2000）。FSA 的研究表明，金融排斥并不仅仅因金融服务网点在某一地理区域的

① Claessens S，E Perotti. Finance and Inequality：Channels and Evidences. Journal of Comparative Economics，2007（2）.

撤并而存在，一些人群有获得金融服务的需求，但却因社会经济因素和金融服务市场因素而很少或从未获得金融服务，也应视为受到了金融排斥。调查认为，容易受到金融排斥的人群，往往是从来没有使用过金融产品的家庭、低收入居民、老弱病残人士、居住在边远和落后地区的居民以及诸如此类的社会弱势群体等。英国政府因此实施了一些创新性计划帮助贫穷人群积累资产，使其能得到最基本的金融服务。如实施“储蓄门户”计划、建立社会基金等，采取一些措施鼓励银行与邮局、银行与信用社等非营利性组织之间建立伙伴关系，拓展金融服务通道，并且积极支持农村信用社的发展作为减轻金融排斥的一种手段。

谢欣（2010）在研究英国的金融排斥时发现，一些人群没有能力获得基本的金融产品（如基本账户，消费者信贷、保险和长期投资或养老金）时，就会形成金融服务消费中的两极分化，同时加剧了社会排斥问题。首先，影响被排斥人群的日常生活和就业。在英国，没有银行账户意味着家庭不得不完全用现金进行交易和支付，并难以获得短期信贷便利以及相应的金融产品。其次，金融排斥加重低收入人群的财务负担。某些消费者信贷产品（如透支和信用卡）可以平滑家庭的硬预算，没有能力获得这些类型便利的人，不得不从主流金融服务之外的经营者那里借款，如成本高负担重的高利贷。再次，加剧低收入人群的脆弱性。保险领域排斥的一个明显成本是家庭和个人的焦虑感提高，没有养老金保障的一个明显的后果是，老年时期贫穷和困苦的可能性提高。最后，金融排斥不仅影响个人和家庭，而且更广泛地影响他们所居住的社区①。

王志军（2007）指出，1998 年以来我国金融机构调整经营战略与经营行为，客观上形成农村金融市场中介缺位、机构锐减，使许多农民被排斥在基本金融服务之外②。何德旭、饶明（2008）的研究表明，我国的“三农”主要遭到地理排斥、条件排斥和营销排斥③。许圣道、田霖（2008）利用河南实地调研的资料指出，金融的地理排斥在我国仍然广泛存在，它妨碍了农户和企业接近当地金融资源，严重的甚至已经形成金融空洞④。王修华（2009）对新农村建设进程中面临

① 谢欣：《金融排斥：英国和美国的经验》，《银行家》2010 年第 7 期。

② 王志军：《金融排斥：英国的经验》，《世界经济研究》2007 年第 2 期。

③ 何德旭、饶明：《我国农村金融市场供求失衡的成因分析：金融排斥视角》，《社会经济体制比较》2008 年第 2 期。

④ 许圣道、田霖：《我国农村地区金融排斥研究》，《金融研究》2008 年第 7 期。

的金融排斥进行了系统地分析，指出建立包容性的金融体系是从整体上缓解农村金融排斥的有效对策[①]。董晓琳、徐虹（2012）认为鉴于构建金融排斥指数存在较多限制，银行网点数量最能体现金融排斥，由于人口规模小、社会消费品零售总额小、金融基础设施状况差，使得县域更易受到金融排斥[②]。陈莎、周立（2012）以行政、地理、人口、经济四个维度的金融密度来考察我国农村地区金融排斥的差异，认为中国农村金融的地理排斥问题非常严重，且存在巨大的地区差异，建议未来的金融网点布局，要有倾斜性地向中西部地区进行政策扶持[③]。

显然，从已有的文献来看，造成金融排斥的原因恰恰是在广大贫困地区，金融资本、社会资本和人力资本相互分离，各自处于落后和缺失的状态，没有融合发展的结果。

（二）金融包容

金融包容（Financial Inclusion），源于 Financial Inclusion System，联合国将 2005 年定义为“国际小额信贷年”并正式提出这一概念，将其作为千年发展目标（Millennium Development Goals）实现的重要途径。金融包容是指能为社会所有不同收入和不同地位的群体提供服务的金融体系，金融包容的目标归纳为四个方面：一是家庭和企业可以用合理的价格获得各种金融服务，包括储蓄、信贷、租赁、代理、保险、养老金、兑付、地区或国际汇兑等；二是健全的金融机构，应遵循有关内部管理制度、行业业绩标准、接受市场监督，同时也要健全的审慎监管；三是金融机构的可持续性以确保可提供长期的金融服务；四是要在金融领域形成竞争，为客户提供更高效和更多可供选择的金融服务。Beck 等（2007）认为，如果缺失了这样一种包容性金融体系，将会导致持续的收入不均衡现象，造成经济增长乏力[④]。Demirguc－Kunt 和 Klapper（2012）在给世界银行的报告中指出，在帮助贫困人口获得储蓄和借款、积累资产、建立个人信用，进而建立更

---

① 王修华：《新农村建设中的金融排斥及破解思路》，《农业经济问题》2009 年第 7 期。

② 董晓琳、徐虹：《我国农村金融排斥影响因素的实证分析——基于县域金融机构网点分布的视角》，《金融研究》2012 年第 9 期。

③ 陈莎、周立：《中国农村金融地理排斥的空间差异——基于“金融密度”衡量指标体系的研究》，《银行家》2012 年第 7 期。

④ Beck T, Demirguc－Kunt A, Martinne Z, Peria M S. Reaching Out: Access to and Use of Banking Services Across Countries. Journal of Financial Economics, 2007, 85（1）.

有保障的未来方面，金融包容有着不可替代的作用①。世界银行在2012年发布的《全球金融包容指数》中指出，全球约有25亿人没有银行账户，其中大多数生活在发展中国家。金融包容致力于将无银行服务人群纳入正式金融体系，为其提供全面的、多层次的金融服务，有助于消除金融服务过程中的歧视和不公平。

Regan和Paxton（2003）认为金融包容是一个不断演化的理念，理解与实现金融包容的关键在于需求宽度（Breadth of Needs）与参与深度（Depth of Engagement）。前者指人们需要在适当时期接触到一系列产品和服务，后者指人们需要有能力及机会去使用这些产品和服务，且后者更重要②。Rangarajan Committee（2008）认为，构建金融包容，其目的是确保社会弱势群体以及低收入者在支付得起的情况下，能够及时、充分地接触和获取金融服务③。Chakravarty和Pal（2010）则认为，金融包容泛指合理成本下金融服务供给的可接触性，不仅仅是弱势群体，而是经济中每一个人都有权利享受金融服务④。Sarma（2008）认为金融包容的发展情况可从银行渗透度、金融服务可得性和使用情况三个维度来评价，银行账户拥有率、营业网点数和存贷款与GDP之比可对这三方面进行定量测度⑤。Arora（2010）则从银行服务范围和便利性来考察金融服务可得性在发达国家与发展中国家的差异，并使用了更便于比较的如人均拥有金融网点数量等相对性指标⑥。尤其是从金融服务的可接触性来讲（Access to Finance），Peachey和Roe（2006）认为其具有公共物品的属性，如同接触安全饮用水和初等教育一样，应让所有人没有限制、不受歧视地享受到金融服务⑦。Demirguc－Kunt和Levine(2008）认为，即使金融服务不存在价格或非价格上的壁垒，由于存在服

---

① Demirguc－Kunt A，Klapper L. Measuring Financial Inclusion：The Globle Findex Database. Policy Research Working Paper Series，No. 6025，April，2012.

② Regan & Paxton. Beyond Bank Accounts：Full Financial Inclusion［EB/OL］. Production & Design by Emphasis，2003.

③ Rangarajan Committee. Report of the Committee on Financial Inclusion. Government of India，2008.

④ Charkravarty S R & R Pal. Measuring Financial Inclusion：An Axiomatic Approach. Indira Gandhi Institute of Development Research Working Paper，No. 2010/003.

⑤ Sarma M. Index of Financial Inclusion. Indian Council for Reserch on International Economics Relations，2008.

⑥ Arora R U. Measuring Financial Access. Griffith University，Discussion Paper in Economics，2010（7）.

⑦ Peachey S & A Roe. Access to Finance：A Study for the World Savings Banks Institute. Oxford Policy Management，2006，49（1）.

务的便利与否、成本高低、范围大小和质量好坏等因素，很难对金融包容进行定义和测度[①]。Fuller 和 Mellor(2008）认为金融包容应该是福利导向型(Welfare - oriented)[②]，Alpana（2007）则认为金融包容应该是市场导向型（Market - driven）或利润驱动型（Profit - driven)[③]。而 Cnaan 等（2012）认为实施金融包容最满意的结果是能够帮助穷人以低成本的价格获得金融服务，化解金融排斥，降低贫困发生率[④]。

Diniz 等（2012）认为，建立包容性金融体系，尽管能够促进低收入国家和地区的经济社会发展，但同时也带来一定的负面作用，如导致低收入群体在实现不了预定的盈利目标时会产生过度负债等。他提出实现金融包容发展时还需要同步发展教育，提高低收入群体的文化程度，让他们更好地了解金融服务和金融产品的功能[⑤]。Guillermo - Ortiz（2012）运用墨西哥的经验得出结论，尽管发展普惠金融能够提高人们的福祉，但要考虑大力扩展金融覆盖面的成本，特别是在非正式金融规模较大的国家和地区[⑥]。Gimet 和 Lagoarde - Segot（2012）指出，相对于单纯扩张金融机构，促进银行竞争和资本市场发展能够更有效地提高金融服务获得性[⑦]。李涛等（2010）认为，家庭资产的增加和社会互助程度的提高可以降低居民受到金融排斥的可能性[⑧]，从而促进金融包容。刘海二（2013）提出，除了传统金融模式之外，还可发展新型的金融形态，如手机银行等，可以较好地解决金融的覆盖面问题[⑨]。

---

① Demirguc - Kunt A & R Levine. Finance and Inequality：Theory and Evidence. NBER Working Paper, No. w15275.

② Fuller D & M Mellor. Banking for the Poor：A Dressing the Needs of Financially Excluded Communities in Newcastle upon Tyne. urban Studies, 2008, 45（7）.

③ Alpana V. Promoting Financial Inclusion：An Analysis of the Role of Banks. Indian Journal of Social Develo - pment, 2007, 7（1）.

④ Cnaan R A, M Moodithaya & F Handy. Financial Inclusion：Lessons from Rural South India. Journal of Social Policy, 2012, 41（1）.

⑤ Diniz E, Birochi R & Pozzebon M. Triggers and Barriers to Financial Inclusion：The Use of ICT - based Branchless Banking in an Amazon County, Electronic Commerce Reserch and Applications, 2012, 11（5）.

⑥ Guillermo - Ortiz M. Experience from Inclusive Finance in Mexico. The G20 Summit, June 2012.

⑦ Gimet C, Lagoarde - Segot T. Financial Sector Development and Access to Finance：Does Size Say It All? Emerging Markets Review, 2012, 13（3）.

⑧ 李涛、王志芳、王海港、谭松涛：《中国城市居民的金融受排斥状况研究》，《经济研究》2010 年第 7 期。

⑨ 刘海二：《全球手机银行的现状、模式、监管与金融包容》，《上海金融》2013 年第 9 期。

其实，在金融包容理论出现的时候，或者更早一些，不少学者就通过金融来缓解贫困、促进经济增长、实现社会公平甚至金融如何有效地介入到农村的经济和社会中去等方面，做出了不少有益的研究与贡献。如 Doligez 和 Lapenu（2006）认为一个良好的金融体系应当承担相应的社会责任，如惠及穷人和被正式金融排斥的客户；适应不同目标客户需求的产品和服务；与客户建立信任关系，增强社会资本；对员工、客户和所在社区的社会责任等[①]。Rhyne 等（1994）认为农村金融不仅注重如何提高小农和穷人的获贷机会，更要注重激活、培育农户的社会资本，以拓展农户的发展机会和创收能力，把对农户的贷款项目和社区的大范围发展融合在一起[②]。Brown - Graham（2010）认为“必须促进社会资本和金融能力、受训的劳动力、发达的基础设施、支持的制度和政策的结合，以完全利用经济发展的机会”[③]。世界银行认为培育和维持工作人员和贷款人之间的社会资本，对挑选和培训借款人、审批贷款、协调借款人之间的各种经济和社会关系等异常关键[④]。乡村银行（GB）创立之初就明确银行工作人员不仅是放贷官，同时更是村民的理财师（Money Manager）、村务顾问（Village Counsellor）和冲突调解者（Conflict Mediator），尤努斯（Muhammad Yunus）和 GB（乡村银行）因利用金融资本让农户自我组织起来，“从社会底层推动经济和社会发展”，获 2006 年诺贝尔和平奖。

也有从社会风俗、文化习惯如何融入并影响金融等角度来展开研究的。Guiso 等（2006）将文化定义为习俗、信仰、价值观以及保持道德和宗教传承不变的社会约束力[⑤]。Stult 和 Williamson（2003）将文化影响金融的途径归纳为以下三个方面：一是一个地方的价值观与当地的文化是紧密联系的；二是文化可以影响制度的形成和发展；三是文化影响一个经济体内资源的配制。这些当然可以启示农

① Doligez & Lapenu. Stakes of Measuring Social Performance in Microfinance. CERISE Discussion Papers, 2006.

② Rhyne E and Maria Otero. Financial Services for Micro - Enterprises: Principles and Institution//Maria Otero and Elizabeth Rhyne (eds.) The New World of Microenterprise Finance: Building Healthy Institutions for the Poor. London: Intermediate Technology Publications, 1994.

③ Anita R. Brown - Graham. The Missing Link: Using Social Capital to Alleviate Poverty. North Carolina Fund, Popular Government, Working Paper, 2010.

④ http: //www. worldbank. org/poverty /scapital/ topic/finl. htm.

⑤ Guiso L, P Sapienza & L Zingales. Does Culture Affect Economic Outcomes?, Journal of Economic Perspectives, 2007, 20 (2): 23 - 48.

村金融在开展业务的时候，一定要注意如何融入、吸收并消化当地的文化因素，打造出一些既具有普遍性又具有一定地域特色的金融产品，从而更好地服务于不同的地域和不同的文化环境①。王曙光（2009）认为“农村信贷必须依托乡土化的组织结构并适应乡土文化结构，才能使农村信贷的运行机制和风险控制机制适合于农村社会的实际情况”②。陈雨露、马勇（2010）认为，“只有真正把农村金融‘嵌入’到整个农村经济社会发展的网络系统中，才能最大限度地发挥金融机制的积极作用，这需要考虑农村社会的方方面面”③。

（三）小结

金融排斥与金融包容是同一件事情的两个方面。如果金融资本、社会资本与人力资本薄弱，且相互间又不能实现有效融合，就会形成金融排斥，在金融排斥严重的地方，人们不仅是在物质层面与现代文明有一定的距离，就是在思想、意识和观念等层面，也处于相对封闭和保守状态。实施金融包容，也即普惠金融，离不开金融资本、社会资本和人力资本的培育，并实现全面融合，并以此来推进经济和社会的全面发展。它们之间的关系如图 1 －2 所示。

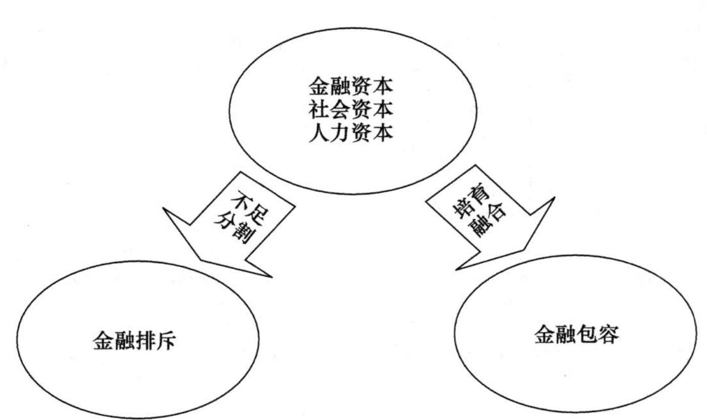

图 1 －2　金融资本、社会资本和人力资本的分离与融合

① Stult & Williamson. Culture, Openness, and Finance. Journal of Financial Economics, 2003, 70 (3).

② 王曙光：《乡土重建——农村金融与农民合作》，中国发展出版社，2009 年。

③ 陈雨露、马勇：《中国农村金融论纲》，中国金融出版社，2010 年。

农民“有着局部文化的局部社会”（Kroeber，1948），“是一个保留着自身文化的大社会的一个部分”，农民社会“在任何地方总是具有多方面的内部层次”①，通过金融资本、社会资本和人力资本的融合视角，来调查、观察并了解农村经济和社会，组织和动员力量参与农村社会管理。本书的思路和框架如图1－3所示。

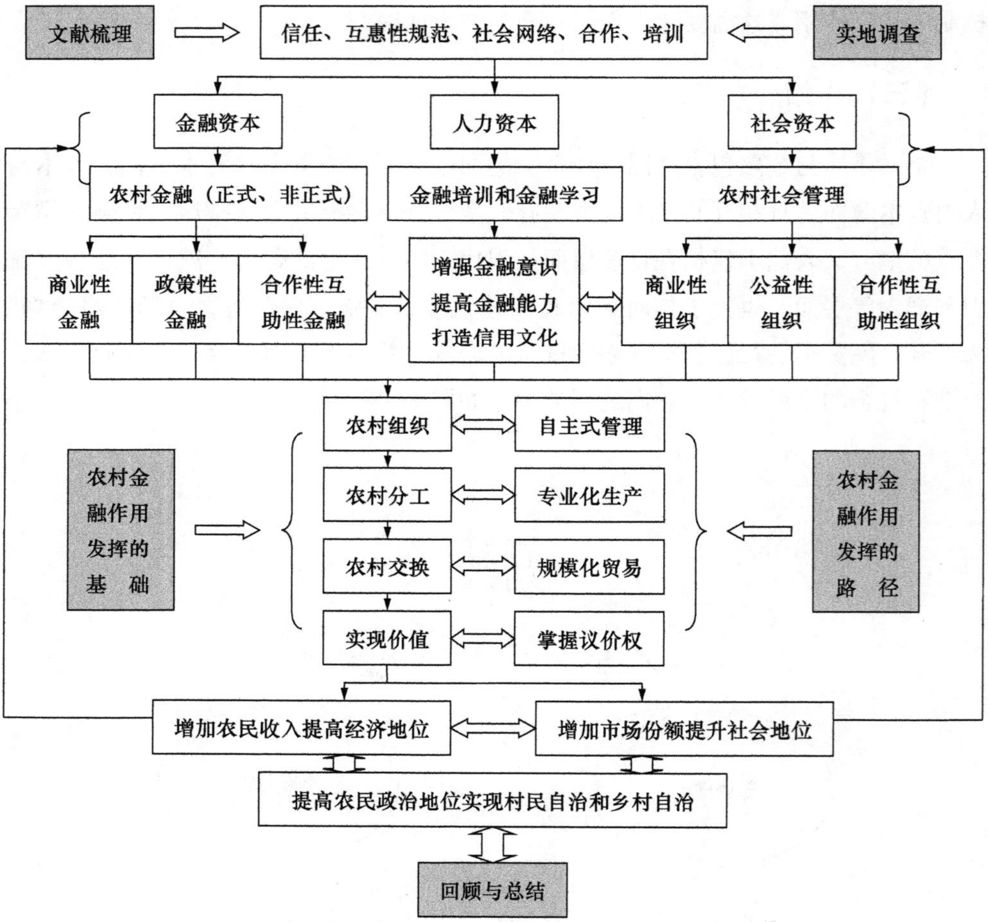

文献梳理
信任、互惠性规范、社会网络、合作、培训
实地调查
金融资本
人力资本
社会资本
农村金融（正式、非正式）
金融培训和金融学习
农村社会管理
商业性金融
政策性金融
合作性互助性金融
增强金融意识
提高金融能力
打造信用文化
商业性组织
公益性组织
合作性互助性组织
农村金融作用发挥的基础
农村组织
自主式管理
农村分工
专业化生产
农村交换
规模化贸易
实现价值
掌握议价权
农村金融作用发挥的路径
增加农民收入提高经济地位
增加市场份额提升社会地位
提高农民政治地位实现村民自治和乡村自治
回顾与总结

图1－3　本书的基本内容和具体架构

① 弗兰克·艾利思：《农民经济学》，上海人民出版社，2006年。

图 1－3 中农村金融中的正式金融和非正式金融，以是否获取金融监管机构颁发的金融经营许可证为界。除了本章外，第二章通过实地调查和案例分析，介绍金融资本、社会资本和人力资本在农村的实际融合情况。第三章分析农村金融在创新农村社会管理中作用发挥的两个前提：一是金融知识在农村的普及和推广；二是农村金融服务的普惠和均等。第四章介绍农村金融在创新农村社会管理中作用发挥的三个基础：一是通过金融资本和人力资本的融合，促进农村金融人才的培养；二是通过金融资本和社会资本的融合，促进农村新型组织的培育；三是通过社会资本和人力资本的融合，促进农村精神家园的打造。第五章介绍农村金融在创新农村社会管理中作用发挥的三条路径：一是以组织促分工；二是以分工促生产；三是以生产促发展。第六章回顾与总结，以融合的视角来创新农村社会管理工作，介绍农村金融的最新变化情况，提出以融合的视角来创新农村社会管理工作，通过推进金融自治来实现乡村自治。

第二章　实地调查：金融资本、社会资本和人力资本在农村的融合情况

一、来自村庄的情况——以3个案例为例

（一）基本情况

本章实地调查由村庄到乡镇，到县域，再由县域到省际，走的是从小到大的路径。村庄选定的样本是江西省修水县大椿乡担石村，之所以选定这个村，一是因为笔者生于斯，自20世纪80年代以来，持续关注其经济和社会的发展变化；二是该地处于赣鄂湘三省交界处，从该村出发到南昌、武汉、长沙和九江等地的路程差不多，都在300公里左右，且村里人经常往来这些地方；三是该村既保持了一定的传统文化，又接触较多现代文明，秉承耕读传家理念，1949年前后特别是改革开放以后，有不少人“走出去”读书。笔者以担石村为样本，撰写了一系列的文章，先后发表于《新民晚报》《江南都市报》《武汉金融》《寻根》《经济学消息报》《经济管理》和《管理世界》等报刊上。①

从经济社会的发展来看，担石村及其周边一带，农村金融先后经历或正在经

---

① 选取的乡镇样本，则是以大椿乡为中心的附近8家乡镇，并对设立在这8家乡镇的金融机构及其存贷款数据进行详细的调查与取证。事实上，鉴于金融的特殊性，也只有在这一带，笔者才能得到详细的金融数据。同时，还对修水、永丰、南城三县的100多家乡镇的存贷款情况做了一些粗浅的调查，或专门走访，或电话采访。县域则以修水县为样本，一是该县是江西省面积最大的县，是国家级贫困县，人口规模和经济总量也较有代表性；二是笔者对该县熟悉，调查方便，较易获取资料和数据。为了便于对江西全省的农村金融有个大致掌握，另外选取了吉安市的永丰县和抚州市的南城县做调查样本，与修水县一起，正好处于赣北、赣西和赣东地带，其经济和社会发展水平也较能代表江西的一般水平。

历实物融通—资金融通—信息融通三种形式和三个阶段。早年资金紧张时，村民之间更多的是物质层面的来往，今天我到你家借点油盐米面，明天你到我家借些刀斧绳梯。聚族而居，图的就是相互照应，互通有无。这个时候，很少有资金融通，取而代之的是物质形态的融通，我们姑且称之为实物融通。如今的农村，实物层面的来往正在减少，取而代之的是资金方面的借贷，实物东西一般不缺，短缺的往往是资金，一旦外出打工没有及时寄钱回来，就得向亲友邻居借贷。村民间的这种融通，显然就是资金融通。若遇上重大事情发生，如碰上生老病死或婚嫁丧葬，邻里之间、村庄之间就会聚集起来，一起"当大事"，相互之间除了要出资金，更要出精力。另外，逢年过节，同村或同族还要在一起祭祀宗祠，感念先远，彰显优秀，排斥顽劣。这种往来既是资金的融通，又是社会关系的融通，也是信息交流和融通。我们可以称之为信息融通（见图2－1）。

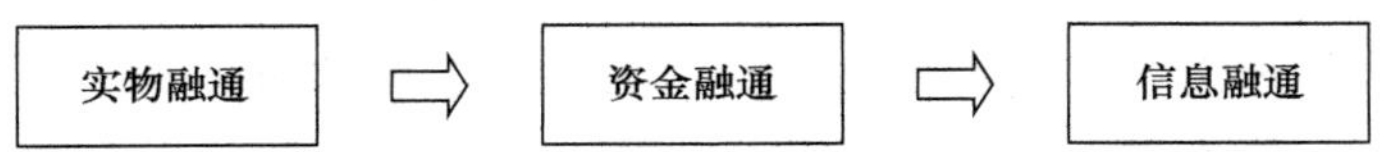

图2－1　农村金融发展过程中的三个阶段

经济社会的这种发展轨迹，是因为村庄（或村落）往往由具有一定血缘或亲缘关系的人在一起生活和生产而形成的，有着其自身的传统和特色。村庄既是一种长久的存在，也将会继续存在下去。无论是范成大《夏日田园杂兴》之七："昼出耘田夜绩麻，村庄儿女各当家"，还是郑燮《山中卧雪呈青崖老人》诗："银沙万里无来迹，犬吠一声村落闲。"乃至朱德《过五指山》诗："车过村落地，老少夹路迎。"村庄都给人以种种想象和处处遐思。

只是，随着经济社会的发展，劳动力外流、人口老化，村庄的经济社会活动在萎缩，村庄数量也在日益减少。1978～2007年，乡村总人口年均减少216万人，全国行政村从90多万个减少至60多万个，减幅1/3①。冯骥才介绍，2012年，全国230万个村庄中，依旧保存与自然相融合的村落规划、代表性民居、经

① 毛丹：《村庄前景系乎国家愿景》，《人文杂志》2012年第1期。据郝亚光、徐勇：《自治落地与厘清农村基层组织单元的划分标准》（《探索与争鸣》2015年第9期截至2014年，我国有村委会58.5万个，村民小组470.4万个）。

典建筑、民俗和非物质文化遗产的古村落仅剩下两三千座，而在2005年约有5000个，7年消失近一半①。

“尽管资金和人才向城市相对集中是一个国家城市化、现代化过程中的必然现象，但农村自身还是要发展的，农村作为国家的经济空间、文化空间和政治空间的存在形式是消失不了的，农业产值在GDP中的比例尽管会下降，但农业产值的绝对值还是要不断增加的”②。“在人类文明的发展进程中，城市正是吸收了这些村庄习俗，它才形成自身强大的活力和爱抚养育的功能，正是在这个基础上，人类的进一步发展才成为可能。村落组织的传统组织资源和文化传统，并非完全作为现代性的对立面而存在，其独有的地方性传统理所应当地被纳入现代化新传统的建构之中”③。

基于此，能否用金融资本、社会资本和人力资本融合的视角来审视农村经济和社会的发展、变化及其内在规律？尽管现有的正式金融安排，鲜有到达村庄一级的金融机构，因而从机构设置和产品开发来讲，村庄处于金融排斥状态。但是，在村民之间，人们世代为邻，守望相助，患难相帮，物资也好，资金也好，借贷频繁，互通有无，即在非正式金融中，则又处于金融包容状态。同时，随着经济和社会的发展，正式金融和非正式金融之间，村庄内部与村庄外部之间，金融排斥与金融包容、金融抑制与金融深化等往往又相互糅杂在一起，真是你中有我，我中有你，难以截然划分。

实际上，村庄的日常生活，就隐含了金融资本、社会资本和人力资本相互融合并共同发力的故事。下面，通过三个案例，来说明三者之间的关系。

（二）三个案例

1. 小镇兴起

本故事的主人公叫阳华。20世纪80年代，阳华高中毕业后，回乡务农，家就在离乡村公路500米远的村落。公路是当时的人民公社（现在的乡政府）通往县城的唯一通道，公路两边串联着一个个村落，村落离公路的距离或长或短。阳

① 王学涛：《7年消失近一半——拿什么拯救我们的古村落?》，新华网。

② 李似鸿：《金融需求、金融供给与乡村自治》，《管理世界》2010年第1期。

③ 田毅鹏：《“村落终结”与农民的再组织化》，《人文杂志》2012年第1期。

华回乡不久，由媒人牵线，迎娶了本公社的一位吴姓女青年为妻。妻子也读了几年书，初中毕业，算是粗通文墨。

两位中学文化程度的青年，不甘心守着一亩三分地过日子。阳华所在地素来就有种茶的传统，有名的宁红茶，产地就是这里。每年开春后，茶芽新绽，就有不少人走村串户上门收购新鲜的茶叶，送往茶叶初制厂加工，再送往县里统一包装后卖往上海一带。这里尽管原本是红茶产地，当时为了适应市场需求变化，改为制作绿茶了，且有了一个好听的名字——“双井绿”。双井离这里不远，是北宋诗书大家黄庭坚出生地。这一带的茶叶就以双井为名，注册的商标即为“双井绿”。

这里地理位置偏僻，没有工厂，除了每天一班的乡村班车外，也少有其他车辆经过，空气好，水土好，茶叶的品质极佳，上海一带对这里的茶叶需求较大，已经形成了稳定的市场。但当地的茶农并不赚钱，钱都被鲜叶收购者、茶厂、销售商赚了。

阳华夫妻种了两年茶，采摘了不少茶叶，并没有赚到钱，就萌生了贩茶叶的念头，把本地的鲜叶收购上来，再送到附近的茶厂去。这一带都是低头不见抬头见的乡里乡亲，如果上门去收购茶叶，同等价格下，肯定比外面来的茶叶贩子有优势。但是，与外地来的茶叶贩子相比，阳华夫妻没有现钱，要等把茶叶收上来后再卖出去，结算回账款后才能付钱给乡亲。那些在每年开春好不容易盼着茶芽绽放，采摘卖出，等着钱用的乡亲，当然愿意一手卖茶，一手收钱。怎样才能手上有现钱，到乡亲家里收购茶叶时，也能够一手称茶，一手交钱，从而与那些走村串户的外乡茶叶贩子一决高下？

阳华想到了信用社。

当时，每个人民公社都设有农村信用合作社，还有农业银行营业所。只是，农业银行营业所只设到人民公社所在地，而农村信用合作社，则在每个生产大队（相当于现在的行政村）设有业务代办站，甚至在位置稍偏些的生产小队（现在的村民小组）还设有业务代办点。

阳华找到了农村信用合作社设在本村的业务代办点的李会计。

李会计早期在生产大队做过会计，从大队会计位子上退下来后，利用其特长做了信用社在本队业务代办点的业务代办员，替信用社在本地吸收存款、发放贷款，信用社给代办点规定了手握头寸的上限，吸收存款超过一定额度是要存放到信用社去的，发放的贷款也有额度限制，总余额不得超过多少，单笔金额不得超过多少，都有明确规定。

阳华找到李会计后，很顺利就贷到了 200 元钱。

笔者在 30 多年后，找到年事已高的李会计，问到当时贷款的手续。李会计说，没有什么手续，我看到阳华是高中毕业，他老婆是初中毕业，当时在我们这里都是“高级知识分子”，想做事只是暂时手上没钱，但以后会有的，所以就借了 200 元钱给他们。

当问到阳华时，阳华的说法稍有不同。说，当时贷款这事情倒干脆。但 200 元的贷款实际上只拿到 180 元，李会计扣下了 20 元做了股金，强行要我们两人成为信用社的股东，说信用社是大家的合作社，作为社员，每人要交 10 块钱的入社费。

阳华的爱人就在身边，插话说，幸亏李会计收了我们 20 元钱的入社费，否则以后也就不会总找信用社借钱了，因为与信用社打交道多，现在阳华都成了信用社的人了。

原来，阳华夫妻从信用社借 200 元钱，被扣下 20 元做股金，实际只拿到 180 元后觉得亏了。当时贩一次茶也只能赚到几元钱，要贩好几次茶才能把这 20 元钱赚回来。所以，借款到期后，刚刚还过钱，又赶紧把钱借出来。因为李会计在阳华夫妻借第一次钱时就告诉他们，只有交了入社股金，成为信用社的社员才能在借钱时享有优先权，才能随时想借就能借。所以，每次阳华夫妻头天还钱，当天或第二天又去把钱借出来，且越借越多。

开始，阳华夫妻从信用社一次借出几百元钱，用来上门收购乡亲们刚刚采摘的鲜茶叶，再送到公社的茶叶初制厂，每次赚到几元钱，一个茶季下来能赚到几十元钱。一年当中有春茶、夏茶和秋茶，也叫明前茶、禾花茶（早禾开花时采摘的茶）、桂花茶等，几个茶季下来可赚一两百元钱。贩几年茶下来，手上就积了 1000 多元钱了。这时乡亲间有不少人开始建新房子，把祖上留下的土坯房扒了，翻盖砖瓦房。阳华手上握有不少现金，再从信用社代办点的李会计处借上一笔资金，开始从县里或者从湖北通山、湖南平江两地贩钢筋和水泥过来，卖给正在建房子的乡亲。阳华所在的地方是湘鄂赣三省交界处，在南边的黄龙山还有一角跨三省的风景点。

卖钢筋水泥的利润显然要比贩茶叶高得多，但卖钢筋水泥得有好的“码头”。阳华夫妻合计一番，就在离村子不远的马路边自家的地边，盖了一栋二层楼的房子，一楼用来做店面卖钢筋水泥，二楼用来住家。

实际上，与阳华贩茶叶起家的故事类似，还有的本村或邻村青年也从信用社设在本地的业务代办点贷款，上门或到附近的山里收购笋干、蘑菇干、木耳、干黄花等，挑过大山到湖北通山、通城等地卖了，再从那里买豆豉、日用瓷器等挑回来，两头赚点差价，跑个一年半载的，即可赚个一两千元钱。也有的人从李会计那里贷款，在本地山里收购些药材，卖到湖南平江、浏阳等地，再从湖南贩布匹、针线、牛角梳、发夹过来，卖给村里的小姑娘和新媳妇。也有人来贷款买些竹木原料，加工制作成竹木制品卖到九江、南昌等地。还有贷款买车跑运输的。

据李会计说，当时到他这里借款几乎成为一种风气，大多用来搞小生产、小加工、小贩运。20 世纪 80 年代初期，风气放开，流通搞活。物产多，资金紧，所以，李会计无论走到哪里，都成为座上宾。不紧不慢的步伐，半新半旧的人造革袋子，有条有理的说话语气和不急不缓的做事态度，走到哪里都受欢迎。总之，在李会计手上，不知成就了多少年轻人致富的梦想。

在阳华建房子的地方，马路沿线，一时之间，有不少“率先富了的人”，纷纷挨着阳华家建新房。除了上述搞短途贩运赚了钱的外，还有开店卖货的，修理自行车、摩托车的，精修钟表的，开裁缝店成衣铺的，做郎中开药店的，杀猪卖肉的，卖自产自销的瓜果蔬菜的，给不断多起来的摩托车加油的，等等，多少都赚了些钱。这些人做生意的过程中几乎都找李会计贷过款，只要是金额不大能够在自己权限内解决，李会计也大多都能满足这些乡里乡亲的借贷要求。当然，这些人赚钱之后，都会找李会计存款，是李会计吸收存款的主要来源。很多时候，贷款余额常常大于存款余额，李会计不得不总跑上级信用社，要求追加贷款额度。

再后来，看到这里人口聚集，买卖兴盛，来往方便，原本设在李姓祠堂内的完全小学，在得到一笔希望工程的捐助之后，把学校建在这里，后来，生产大队办公的地点从远处迁过来了……改革开放之后，不少人外出打工，寄钱回来之后，原本“藏匿”在大山深处的人家，纷纷到路边建房，把家给搬过来。住家多了，就有了幼儿园、医疗站等。

这里，就由一条单纯的乡村公路经过的地方，发展成了一座小镇。

小镇上的居民基本都到李会计那里贷过款。“即使是那些靠外出打工赚钱建房子的，早年出门的路费，大多还是从我这里借的。”李会计在我多次走访他时，这样对我说过多次。并带我走访小镇，指着说，哪栋房子是做药材生意赚钱后盖的，哪栋房子是小孩外出打工寄钱回来后盖的，哪栋房子是靠杀猪打豆腐做小本生意赚钱后盖的，他们的启动资金和路费就是从我这里借的。

李会计做了 10 年的信用社业务代办点的代办员之后，由于视力等原因特别是腿脚有点儿不方便，就从工作岗位上退了下来。当时，每收一笔欠款（早年社队的欠款，信用社往往会委托下面的业务代办员收），都是一次对业务员体力和耐力的考验。记得有一年暑假，我在家休假，见到李会计一早出门，问去哪里，说是去山那边收一笔还是社队期间发放的贷款，晚上我去溪边洗澡时，才见李会计从山那边回来，走路走得脚都有点瘸了。

李会计退了后，向信用社推荐阳华接手了代办员的工作。

阳华当了信用社业务代办员后，这个新兴小镇在发展中融资更方便了，坐落于镇中心的阳华家，俨然就成了小镇上的银行，镇上做各种生意的，钱多钱少都要到阳华家转悠一番。聊聊打算，谈谈规划，有多大把握、主要风险在哪儿、自己有多少资金、需要借贷多少都会在相互交谈中得到有效沟通和圆满解决。可以说，从阳华接手了代办员业务后，小镇的发展速度更快了，发展规模也变大了。

村里有一老人，早年双目因病失明，以算命推卦为生，偶有余钱，等晚上洗过澡后总要我陪着上阳华家去存钱。盲人为人谨慎，不敢“露富”，每次都是在夜深人静的时候去。盲人对我特别信任，每次存钱，只要我在家，总要我陪着，让我帮着数钱并签名。有时去晚了，阳华一家上床睡觉了，只要听见敲门，问明原委，立马起床，把业务办了。阳华爱人也一同起来，泡上热气腾腾的修水茶端上来。整个场面温情方便，煞是感人。

实际上，阳华从李会计手上接手了信用社业务代办员之后，这座新兴小镇就有了属于自己的“中国最早的村镇银行”了。小镇就有了几乎 24 小时营业、对于乡村来讲特别就近方便的金融机构，是真正意义上的“身边的银行”。只是这家“金融”机构也好，员工也好都不是正式的，甚至连临时的也算不上。但是其对于小镇经济和社会发展的作用无疑是巨大的。

我于 20 世纪 80 年代初到南昌读书时，由于家里经济条件不好，总是缺钱。毕业那年，经济特别紧张，就找到李会计贷款 50 元钱，用于毕业所需，才顺利毕业并走上工作岗位。尽管工作的当年就把钱还了，但农村信用社设在村组一级的业务代办点特别是业务代办员的用心服务让我时常感念在心。这事发生在1986年，可以说是中国最早的生源地助学贷款。2010年，我在国务院发展研究中心主办的《管理世界》上发表一篇近3万字的文章，题目是《金融需求、金融供给与乡村自治》，文章里提到的要把正式金融的制度优势、资金优势和信用优势，与非正式金融的服务优势、信息优势和成本优势结合起来的建议，所举的村组业务代办员的案例，实际上就是在我读书时，李会计留给我的印象写照。

2. 升学宴

邻村有一黄姓青年，隐其名，就叫小黄。小黄在1984年和我同时参加高考，被重庆大学录取。读书过半时，父母失和离婚，家里无力负担，小黄只有回家，但不甘心务农，当时改革开放不久，还少有外出打工一说。次年，一边务农一边在家看书的小黄，又倔强地参加高考，并报考了本省的师范学院。当时师范生免费，且助学金丰厚，用助学金吃饭是没有问题的。小黄以高分被录进了当时的江西师范学院。

但开学要钱。小黄没有钱，从乡下到县城参加高考时的路费、宿费等都是借的。入学时要置办一些生活用品、学习文具等，还有路费等，该如何解决呢？家里是指望不上了，早就一贫如洗。

穷人再穷，也还是有一伙亲朋好友的。按照当地习俗，小黄请人买些酒菜，把家里的亲朋好友请过来吃“升学饭”。这饭是不能白吃的，要送礼。

果然，亲朋好友来了几十个，凡是请了的都来了甚至有些走动较疏、没有去请的，也主动赴宴。你送几十元钱，我送十几元钱，血亲近亲层面的，还有送100元钱的。晚上结账时，共收到礼金800多元，除了办酒席的开支外，还余500多元钱。有了这笔钱，上大学的路费，购买生活用品、学习文具等开支就足够了。

事实上，这是小黄第二次办升学宴，因为在考上重庆大学时已经办过一次了。所以，在这次办宴之前，小黄担心过，一而再地请人家，大家会不会给面子，前来赴宴并送礼。从结果来看，小黄的忧虑是多余的。

其原因，是因为这一带以及其他许多地方，人们重视教育，愿意为奋发有为的学子添砖加瓦。“一等人忠臣孝子，两件事读书耕田”。“读得三年书，敌得十万兵”。在这一带，家谱中记载得最多的话就是，千事万事，头等大事，就是耕读，子女间要“秀者读书，朴者耕田”。对于不尽心放子女读书的人家，往往会极力讽刺之。“有崽不读书，犹如养头猪”，“猪婆背上一点黑，爷不读书崽做贼”等俚语，就是取笑那些不努力放子女读书的人家。

所以，小黄第一次考上大学后，通过办升学宴等方式筹措了一笔资金，用于上学的开支。辍学回来，再次参加高考且又考上大学后，再次请客，乡里乡亲依然上门送礼，为其凑齐上大学所需费用。表面上升学宴是宴席、宴请，实质上是以宴席、宴请的方式进行劝捐助学。对于这种升学宴，被请了的人家，手头再紧张拮据，心头也是高兴的，也会设法筹钱送礼，礼金且比其他的宴请送得要多，以显示其对教育的重视，乐捐助教。没有被请的人，只要是在平时稍有来往，也会主动前去送上一份心意，表示祝贺。

上学时办个酒宴，其目的，一是告之亲朋，我家的孩子考上了大学，就要成为国家的人了；二是我家暂时困难，孩子上学，费用紧张，要你前来赞助一下；三是既然孩子都能上大学了，有出息了，不愁将来还不了这份人情。而被请的或不被请的人，都会为主家高兴，毕竟是自家人或自家亲戚有出息了，“总算又多了一个国家的人”。然后是送钱送物，以表支持与赞助。

这一带上过大学的人，都有过如此经历。笔者在1984年高考之后，家里也办了10多桌酒席，请了近百人赴宴，筹集了近千元钱，到省城读书的第一年的所有开销，均来自这次宴席所收的礼金。其他考上大学的人也大多如此。

实际上，除了孩子上大学外，其他稍稍重大些的事情，如娶亲、嫁女、做屋、生子甚至老人过世等，都有摆席请客收礼的习惯，有时某家有人得了重大疾病，病中，会有人前往医院看望，同时会送上数额不等的钱物作为慰问金。病人病愈出院后，亲朋好友、左邻右舍等还会再次上门探视或慰问，一般都不空手，总要捎带些鸡蛋、买些猪肉，或捉只鸡鸭送给病人。病人痊愈之后，一般也会摆上几桌酒席，请那些前来探视过的人来吃饭喝酒，既有答谢各位亲友之意，又有庆贺摆脱病魔之苦的味道。

笔者是这个地方长大的，深知每年间特别是年头岁尾请吃之风甚重，原来收入很低的时候，年总收入才一两千元，用于请客送礼方面，往往要花费五六百元有时甚至更多。现在收入好些，有外出打工的，年收入往往过万，但水涨船高，用在送礼方面，也要花费数千元。总之，一般人家，年收入的几分之一都要用在送礼上。

这无疑会遭遇到不同的声音，说这是陋习，要破除，要革新。但是，从前说起，一直说到现在，都说要摆脱并革除这种陋习，但说归说，请客送礼的风习不仅没有破除、没有革新，反倒是越送越多、越送越重、越送越频。

这又是为什么呢?

笔者认为，乡村本来就是个熟人世界和乡土社会，人情味极浓，讲究礼尚往来。请客送礼表面上是请客，实质上是送礼，用大家的钱办个别的事，用闲散的钱办要紧的事。本质上，有互助合作的味道，是一种金融性质的相互支持，以丰补歉，以盈补亏，以无事补有事，以舒缓补紧急。

有人说，农村信用合作社改革发展到今天，只剩下了信用而没有了合作，是因为在中国的农村不存在合作的土壤和基础①。这话似乎与农村现实不符。相反，不仅存在合作性和互助性金融，而且其土壤还十分丰厚。

请客吃饭，今天你请客我送礼，但是，说不定明天就变成我请客你送礼了。生老病死，婚嫁丧葬，每家每户都会发生。人的一生，不管是高低贵贱，贫富尊卑，出生、三朝、周岁、升学、结婚、出嫁、生子、疾病，辞世都会经历。传统乡村社会经济落后，缺少国家救助和政府公共服务，而单个个人或单个家庭的力量都十分有限，无论是物质上还是人力上甚至是智力上，在有较重大的事件发生时，都需要他人的支持和帮助。这时，办桌酒席，以请客的名义，希望大家出钱出力往往是比较好的方式，既体面又热闹。甚至还可以这样理解，通过请客送礼这种形式来筹集资金，其中所送的礼金，是请客的人家向亲友暂借的本金，而客人前来赴宴并在宴席上的吃喝，则是借款人付给出资人的利息，只不过这种形式所付利息往往是事前支付，不同于一般借款时事后才结算利息。

可以说，在乡村社会中的请客送礼，就是一种典型的有中国地域特色的合作金融和互助金融的形式。

这种合作互助金融形式，有点“合会”或“抬会”等会的方式，于参与的各方以轮流做庄的形式都会陆续轮到，只是时间上有先有后而已。表面上看，好像排在前面的会占些便宜，因为货币会随着时间的推移往往会发生贬值。但是，

---

① 谢平、徐忠、沈明高在《金融研究》2006 年第 1 期的《农村信用社改革绩效评价》一文中认为，在 2003 年国务院印发《深化农村信用社改革试点方案》之前，“我国农村信用社的所有制结构是按照合作制的原则来设计的，但有其形而无其实”。陆磊、丁俊峰在《金融研究》2006 年第 6 期的《中国农村合作金融转型的理论分析》一文中也认为“我国现有正规金融机构不具备合作金融组织的基本特征，我国并不存在真正的合作金融组织。中国 30 年农村金融改革因合作金融组织的商业化经营导致合作理想的破灭”。

乡村社会总会有一些非正式制度安排来弥补这些。比如，你先收人家礼金，过了若干时间，几个月或几年甚至是十几年后，回礼时，往往要加上适当数量的金额，来补偿货币的时间价值。你在年初送我60元，我在年底回礼时，会加上5元或10元，送你65元或70元，你在10年前送我20元，10年后你有事了我要回礼，往往会送100元或180元，礼金视物价和行情的变动而变动。

乡村社会特别注重礼尚往来，所谓来而不往非礼也。不讲信用的人家，在礼尚往来方面是一定要守信的。否则，在这一带会待不下去，会被乡规民俗等正式或非正式制度"审判"并"驱逐"。所谓个别人家在一个地方待不下去了，不得不另外择地，卜筑搬迁，往往是因为被那里的乡规民俗所不容。由于"再好的记性不如再烂的笔头"，办事开酒席时，有贺客来送了礼金财物的一定要用账簿记下来，大些的场面往往还专门设有账房，请房族中粗通文墨的人充当账房先生，把所收礼金记录在账，今后要"捡簿还情"。

也有些家庭富裕的，办事时不需要亲友间的合作互助也会大摆宴席，其意在于与亲友间密切往来。但是，请客送礼是当地传承了几百年甚至是几千年的风气，你请了人家，人家送礼来了，你断不可辞礼、拒收。否则会伤人脸面，失了和气。那怎么办呢？往往就在酒席上做文章，把酒席办得场面宏大，上高档烟酒。客人回去后定会说，这家主人可是大气啊，我送他一点钱物，还抵不上他这一餐饭。"送的礼金连个汤匙都洗不干净"。

但并不是每个人都能上大学。子女会读书，考上大学了，往往只是在少数人家发生特别是在大学扩招之前。即使如今大学扩招，在农村能从小学顺利读到大学的人家也不多。尽管是礼尚往来，但往来的门槛不低。人家子弟会读书上大学了，请你客了，你送了礼金，什么时候收回来呢？要你家的子弟也会读书。这样就会促使家长之间加强对子女学习的重视和督促，增强农村学子之间的竞争压力和动力。可以说，这就是来自民间的奖学金和助学金。

而且大家都觉得，这样的送礼远比一般的请客送礼有意义得多。这是贫穷的乡村在合力培养未来的精英，培养能够在将来改变乡村贫困落后面貌的希望。办这种宴席的家庭，办得次数越多说明自己的子弟越会读书，为社会培养和贡献的人才越多，在乡村社会中会越有地位，越会被人敬重。可见，在传统乡村，几千年，尊师重教、劝学助学就是这样一直被保留和传承下来的。

难怪在这一带，有"人情大过王法"的说法，王法会随着朝代的更替而发

生变化，但人情呢，即乡村社会中礼尚往来是世代相传且相对稳定的。这里的人情既包括了村民间请客送礼和礼尚往来习俗，还包括住在同一村庄或相邻地方的亲友间，守望相助扶贫济困的传统。越是在偏远贫困的乡村，越是注重子弟读书和功名获取，单个家庭力量有限的话，大家一起来互相帮助，共同出力培养。

可以说，这是通过请客送礼的方式把社会资本（人情往来）、金融资本（收受礼金）和人力资本（读书升学）融合在一起的典型事例。

3. 茶园碧绿

卢圣是一名中学毕业生，回乡后一心想着发财致富，先后做过不少生意，但都不如意。15 年前，即 21 世纪初，卢圣敏锐地感觉到，随着人们收入水平的提高，对生活品质的要求也会越来越高。绿茶，作为一种能较好体现并提升生活品质的饮品，将会有更好的发展空间，特别是质量好品质高的绿茶。

卢圣家所在地，是介于湘鄂赣三省的中间点，山高林密，空气、水土、阳光等气候和环境因素都挺不错，特别是位于北纬 30 度一带是茶叶最好的种植区域。

卢圣想到开辟一个茶园。

土地如何来？在政府的帮助下，卢圣把这一带的山地集中起来，以入股的方式把每家的自留地丈量入股，等茶园有收入后再按面积大小分红。然后，从银行贷到一定数量的款项，加上自己多年的积蓄，再加上各位亲友的借贷以及一部分的入股资金，订购一批茶苗。不久，原来是你种豆子我种芝麻他种蔬菜的各自耕作、自成体系的自留地就成了一个漫山碧绿的茶园了。

几年之后，茶园碧绿，可以采摘了。茶园周围一带的留守大妈，成了采茶的主力部队，也有一些中小学生利用周末等节假日到茶园采摘。刚开始时，手脚麻利一些的女工在一个采茶季可采得两三千元钱的收入。而现在，随着工价的提高，采茶收入也随之提高，一个采茶女工在一个采茶季往往能采得七八千元钱的收入，并且成为当地无法外出打工的妇女和小孩的一项重要的收入来源，有的家庭已经是一项主要的收入来源了。

茶园数量也从一家发展到了 10 多家，而且面积越种越宽，产量越来越高。每到采茶季节，采茶女工变得紧俏，各个茶园竞相提高工钱来吸引女工。除了工钱外，还有不少附加服务，如中午煮饭给女工吃，既为茶园赢得了一定的口碑和赞誉，又可避免女工回家吃饭耽搁时间。对于那些有小孩要带的女工，在女工采茶时，提供托管小孩、照看老人的服务。更不要说提供免费茶水和点心了。

这一带茶园，每年付出的采茶工资有100多万元。有的是采茶当天称重付款，有的则是记账开票，等茶叶销售后凭票结账。而那些由茶园开出去的茶票，可以在当地各种店铺里买到所需的各种商品，可以在街上沽酒买肉，可以用来结算各种应收应付账目。也就是说，这100多万元的茶票几乎成了当地的第二货币。且这种习惯已经沿袭了几百年，从明清一直传承到现在。特别是在明清时代，山里经济有限，币钞严重不足，这些茶票的发放和流转极大地缓和了当地银根紧张的状况，有力地促进了当地经济和社会的发展和稳定。

茶叶采摘后，如何加工制作是技术含量极高的活。茶园从外地请来师傅，手把手地教如何加工制作品质上好的茶叶。这个时候，采茶女工往往就在一边观摩学习甚至是趋前询问讨教。回到家里，也学着制作一番。

如今，我的家乡，双井绿茶已经成为全县、全省的响当当的品牌甚至在上海一带，双井绿茶的口碑和销量都已经相当不错了。茶叶，不仅成了茶园种植者、茶园边的广大留守妇女的一项主要收入，也成了当地政府的一项重要收入。

（三）小结

上面三个案例分别代表着经济发展、习俗传承和实体建立，实际上都隐含着金融资本、社会资本和人力资本之间的融合发展。也就是说，在农村经济和社会的发展中，上面三种资本甚至是其他资本，都不是单独地在发生作用，往往是几种资本甚至是多种资本在共同起作用，同一种经济和社会行为，金融资本也好，社会资本也好，人力资本也好，甚至其他形式的资本，往往联合在一起并形成合力，且这种合力作用的效果往往是一加一大于二的。

正如前文对金融资本的文献综述所述，金融资本在发生作用的过程中，往往是与一定的产业相结合，更多时候是与多种产业结合甚至是融合。在案例一中，如果没有乡村信用业务代办员，小镇也可能会照样兴起，但兴起的时间和速度可能就会更长、更慢一些。而乡村信用业务代办员所提供的金融服务，涉及生产、加工、流通、服务等各个方面。从笔者对类似小镇的调查中得知，类似小镇的兴起往往都离不开正式或非正式金融的支持。比如，在修水县另一个小镇——杭口镇，其兴起和发展，同样得益于金融的大力扶持。该镇原来只是一个十字交叉路口，因车流在此集中，就有村民到此开店，供过路客人歇足、餐饮、购物，慢慢在此积聚了人气。原来驻在十几公里开外的乡镇信用社，就在此地设立分社提供各种金融服务，慢慢地，该地的商贸物流和人气就超过了镇政府所在地，最后，镇政府也从10多公里外的地方搬迁到了这里。

案例二和案例三是金融资本和社会资本、金融资本和人力资本完美结合的典范。农户经济力量有限，特别是单户居民更是实力单薄，遇有生老病死、婚嫁丧葬等大事，往往举全家之力还不够，这时，就需要四邻帮助和亲友扶持，请客送礼成了一个既用来融资又带有感谢的具有双重意义的符号，这里面就有合作和互助金融的性质。

案例三中的茶园，也是一个把金融资本、社会资本与人力资本融于一体的重要案例。其作用表现为，一是大量劳动力外出打工，家里土地逐步闲置，茶园的出现正好把这些已经闲置或正在闲置的土地利用起来，土地入股到茶园后，还形成了一定的收入。二是多年劳务输出之后，取得了一定数量的劳务收入，通过股份形式把这些资金集中起来，开办茶园，避免了资金的闲置。三是男性劳动力大量外出后，留下了数量众多的留守妇女，原本她们就是在家养育小孩，服侍公婆，养殖牲畜，日子处于一种半日操劳半日闲的状态，茶园的出现让半日闲暇得以充分利用起来，并取得了可观的收入，既贴补了家用，又提升了自己在家庭中的地位。四是通过对采茶、制茶的学习和实践，还提升了自己的技艺，开阔了自己的眼界。通过金融资本、社会资本和人力资本的融合，不仅使各种闲置的资源得到了充分的利用，还生产出了高品质的产品，为全社会提升生活品质做出了贡献。

案例三中，茶园的兴起需要大家出让土地，但茶叶一旦长起，又需要大家前来及时采摘，相互间就有了劳务和资金的相互需求，特别是由此产生的茶票，这类乡村社会特有的从明清一直流行到现在的金融票据，极大地丰富并活跃了乡村的商品和劳务市场。

二、来自县域的情况——以修水县为例

以上案例是来自民间的实践，如上面的分析，里面隐含着金融资本、社会资本和人力资本的融合情况，实际上也代表了当地非正式金融发生和发展的情况。那么，这些地方的正式金融又是怎样的情况呢？特别是国家正式金融机构在农村

的机构设置和运作情况、存贷款吸收和发放情况、提供的各种金融服务情况等。

本书就此开展了走访和调查。修水县位于江西省西北部修河上游，连接湘、鄂、赣三省，面积4504平方公里，总人口82万人，是江西省面积最大和九江市人口最多的县。以该县金融机构和金融服务为样本，来观察农村经济和社会的新发展、新变化，是笔者近年来调研的重点。

（一）基本情况

20世纪的70年代、80年代、90年代，甚至到21世纪初的2008年，农村信用合作社、中国农业银行大多在各个人民公社（后来改名为乡镇）设有营业网点，并配备了若干工作人员。在人员的配备中，充分考虑到了本乡本土的人员，即在当地招聘那些高中毕业、对经济感兴趣、有一定责任心，热心于当地经济和社会发展的人。在笔者的记忆中，农业银行的营业所、农村信用社的工作人员大多是本地人，对本地的情况、风土人情、经济发展情况甚至各个生产大队、生产小队有多少户家庭，每户人家有多少人口、兴趣爱好与脾气禀性几乎都能够了解，有的甚至还了如指掌。当时的人口缺少流动，经济单位往往以生产大队或生产小队为单位，金融工作人员在与生产大队或生产小队打交道时要下到队上，要在下面用餐时，队上会把工作人员的用餐通过派饭形式派到社员家里，今天派到东家，明天派到西家，用不了一年半载，所有生产小队都会走遍，且每个自然村都会被派上若干次饭。派饭是不能白吃的，队上会记在账上，年底按统一标准进行补贴，有的人吃了派饭，会当时结清钱粮，尽管金额不大，但足够让被派饭的人家不贴钱。金融工作人员在吃派饭的前后或用餐的过程中，往往能通过实地查看、喝茶交谈等方式了解各地基本情况。了解到的既有春耕、夏种、秋收、冬藏等生产活动方面，也有家庭成员构成、兴趣爱好及亲朋好友等社会关系方面。通过与信用社或营业所里的人的交流，广大农户对金融机构的运作、业务开展、存取款程序等基本金融知识也有了近距离的接触和了解。一旦有个什么金融需求就知道该去找谁，如何与金融机构打交道。可见，当时基层网点及其人员是较好地把人力资本、社会资本和金融资本高度融合在一起的。

前面说过，在20世纪90年代末期，遭遇了亚洲金融危机之后，整个金融系统的经营管理发生了显著的变化，“为质量而战”（Fight to Quality）即是重要变化之一。金融机构之间的竞争不再是大铺摊子与广设机构，而是针对特定人群和重点客户，展开有针对性的量体裁衣和量身定制的个性化服务，定点式营销。根据“二八法则”，即80%的利润来源于20%的客户，所有金融机构都把重点放在那20%的客户身上。

作为地域广大、人口众多的农村地区，就成了金融机构和金融服务纷纷放弃的地方和抛弃的对象。中国农业银行的基层营业所、中国工商银行、中国建设银行、中国银行的县级分支机构，更不要说原来它们设在乡镇甚至是大型集镇的网点都纷纷遭遇撤销或合并的命运。据统计，从20世纪90年代末到21世纪初，四大行等金融机构在广大农村地区撤销了3万多个机构或网点。如修水县，原来有54个乡镇，差不多每个乡镇都有中国农业银行的驻乡镇的营业所，现在乡镇一级的营业所只剩下4家，其余的都撤了。农村信用社，原本在每个乡镇都有，但是，伴随着21世纪初农村行政区划的整合，大量乡镇合并或撤销，农村信用社的网点也在迅速减少。如修水县，原本有54个乡镇，撤乡并镇之后，到现在只剩下36个，相应地，农村信用社在乡镇一级的网点，也由原来的54家，减少到了现在的34家，有两个乡镇，到目前为止还没有真正意义的金融网点，只是在乡财政所前放了个自动柜员机，只能进行一些极简单的金融服务，需要人工服务时，需要到几十公里外设在邻近乡镇的金融网点去。

其结果，在广大农村的大部分地区特别是中西部地区，就只剩下农村信用社、中国邮政储蓄银行、中国农业银行等在乡镇一级还保有金融机构或营业网点。其中，中国邮政储蓄设在乡镇一级的网点大多只是吸收存款的储蓄机构，很少发放贷款，即使在有的地方开办了贷款业务，贷款数量极少，存贷比极低。中国农业银行设在乡镇的营业所，数量也极少，绝大部分乡镇的营业所都在10年前遭遇撤并的命运。笔者2013年暑假特地到修水及其周边县市的农业银行县支行和下面网点走访调查。问到几位县一级支行行长，是否有到乡镇一级特别是经济和社会发展较好的乡镇恢复开办营业网点时，大多是持否定的态度。且有一县域面积较大的县支行行长态度相当明确，“现在乡镇的经济和社会都空心化了，几个有钱的人都进了城，谁还往乡镇里跑，就是乡里的干部也大多成了走读干部，早上下去，晚上回县城。留在乡下的都是一些年龄大、手头穷的人。我这银行的网点，也是跟富人走的。你说，我还往下面设什么机构?”

真正设立并基本覆盖到广大农村乡镇一级的金融机构，只有农村信用社一家了。

为了较详细地了解农村信用社的情况，笔者于2012年暑假，对江西省修水县乡镇信用社做了一次较深入的调查，首先是对修水县整体金融情况做个简要的调查，然后是对修水县乡镇一级的金融服务情况进行调查，并重点调查了8家乡镇的情况。最后再分别从江西省的中西部和东南部各选一个县，希望能具有一定的地域代表性。具体情况如下。

（二）全县的情况

2012年上半年，修水县金融机构的存贷款情况如表2－1所示。

表2－1　截止到2012年6月底修水县各金融机构的存贷款情况

行名	存款（万元）	贷款（万元）	存贷比（%）
农村信用社	309691	166652	53.81
农业银行	159439	51517	32.31
工商银行	87955	38863	44.19
中国银行	94348	42796	45.36
建设银行	94626	63784	67.41
邮储银行	89387	14740	16.49
九江银行	65836	40263	61.16
村镇银行	26601	16755	62.99
农业发展银行	5887（公存）	53310	—
合计	952835	488683	51.29

由表2－1可知，全县存款余额952835万元，贷款余额488683万元，存贷比是51.29%，比全省平均水平低13.27个百分点，但比同期全省县域金融机构余额存贷比的50.53%要高0.76个百分点。表中各家金融机构的存贷比超过60%的有3家，分别是建设银行、村镇银行和九江银行设在该县的分行，农村信用社以53.81%居第4位，比全县平均水平高出2.52个百分点。其他金融机构则都在50%以下，最少的16.49%。在全县95亿多元的存款余额中，农信社31亿元，占32.5%，在近49亿元的贷款余额中，农信社17亿元，占34.10%；如果加上农业银行通过惠农卡发放的1.5亿元贷款，则涉农贷款占全县贷款余额的比重与全省37%的平均水平持平。在全县的存贷款业务中，农村信用社所占的市场份额超过1/3，说明农村信用社是县域金融中一支十分重要的力量，在农村金融中起着主导作用。

另从笔者的调查来看，全县当年新增存款102963万元，新增贷款31731万元，当年新增存贷款中的存贷比是30.82%。也就是说，全县存贷比呈下降趋势，其中下降最明显的是农业银行，当年新增存款2534万元，当年贷款下降了358万元；工商银行当年新增存款4462万元，新增贷款46万元，新增存款贷款中的存贷比是1.03%。农村信用社当年新增存款34899万元，新增贷款23817万元，存贷比为68.25%。可见，就在其他金融机构对县域经济的支持力度下降的时候，农村信用社的支持力度是在增加的。

农业银行尽管也吸收了近16亿元的存款，占全县存款余额的16.73%，发放的贷款是5亿多元，占全县贷款余额的10.54%。在农业银行5亿元的贷款中，有近1.9亿元是给了政府融资平台，有1.6亿元是给了企业和房地产，对农户贷款才1.5亿元。从该县的情况来看，可以说县域农业银行的业务重心已经离“三农”越来越远了。农业银行早年在全县收缩乡镇网点时，保留了4家营业所，4家所在地均是全县经济和社会发展最好的乡镇。这4家营业所的存贷款情况为，白岭营业所，存款14000万元，贷款600万元；三都营业所，存款18000万元，贷款900万元；大桥营业所，存款19000万元，贷款1000万元；渣津营业所，存款25000万元，贷款1000万元。4个网点的存款余额56000多万元，贷款3500多万元，存贷比6.25%。

邮政储蓄在乡村的网点，目前依然只有储蓄业务，还没有完全开展信贷业务，还在充当一个“抽水机”的角色。而设在该县的村镇银行，尽管挂了村镇银行的名字，但机构所在地设在县城，所开展的业务也仅仅局限于县城的工商户，特别是以服务该县的商品大市场“宁红大市场”为主，和乡镇及“三农”的关系不大。农业发展银行的业务除了有一些粮油等收储方面的政策性业务外，近年来也在往商业性方面发展。发放的贷款中有一半以上是通过政府融资平台用在新城区基础设施、高速公路出口连接工程上。

（三）乡镇的情况——以8家乡镇信用社为例

显然，从全县的情况来看，农村信用社已经成为县域经济中一支重要的金融力量，农村信用社与“三农”联系最紧密、对“三农”的支持力量最大。但是，农村信用社是如何服务“三农”的，在服务“三农”中有哪些具体的新情况、新问题呢？笔者带着诸多问题，于2012年暑期，利用回家与亲人相处的机会，把家乡附近的乡镇信用社走访了一遍，抽取其中的8家信用社询问了一些情况，收集了一些资料，具体如表2－2所示。

表2－2 截止到2012年7月底8家乡镇信用社存贷款情况

乡镇	存款（万元）	贷款（万元）	存贷比（%）	当年新增存款（万元）	当年新增贷款（万元）	当年存贷比（%）
大椿	5948	1230	20.68	855	160	18.71
溪口	7229	2583	35.73	647	525	81.14
西港	6863	3022	44.03	1664	432	25.96
马坳	11791	3056	25.92	2572	650	25.27
渣津	14050	7402	52.68	2684	857	31.93
大桥	7181	4235	58.98	721	733	101.66
上杉	3278	1835	55.98	566	259	45.76
杭口	6062	1873	30.90	895	226	25.25

注：渣津、大桥等地若加上农行、邮储的数据，存贷比会更低。

由表2－2可知，8个乡镇里面，渣津、大桥是除县城外的两个重要的经济中心，经济规模和人口数量特别是从事工商业的流动人口较多的集镇，除了有农村信用社外，还有农业银行的营业所。其余6个乡镇，则是经济和社会发展相对落后的地方，金融机构也较单一，只有大桥镇和渣津镇有邮政储蓄网点，但因为服务单一，特别是不能放款，吸收的存款较少，还不能与信用社相提并论。8个乡镇的存贷比，最高的约59%，最低的不到21%；且当年上半年新增贷款占新增存款的比例，除大桥镇和溪口镇外都偏低。大桥新增贷款多的原因是，由于新修的九江到长沙的公路经过该镇，带动了该镇的基础设施和房地产业的发展，而溪口镇，则是因为本地人在外地务工创业，从家乡贷款到外地投资办厂。

表2－2农村基层乡镇信用社存贷比持续偏低的情况，既表现出农村金融供给不足，也反映了农村金融需求处于低迷的状态。存贷比超过50%的只有3家信用社，一家只有40%多，有两家在30%多，还有两家只有20%多。存贷比超过50%的信用社，除了发放涉农贷款外，更多的是因为地处较繁华的集镇，能发放一定的工商贷款。

关于农村金融的服务情况，可以从表2－3中得到一些反映。每位员工服务

的人口、面积尽管在不同的乡镇有所不同，但总体来讲，服务的人口多、地域面积大是共同的特点。表现为：一是信用社内的柜员，工作强度高、压力大，几乎天天都有客户在柜前排长队，特别是养老金、种粮直补资金到账的日子，还有逢年过节的时候，都是一线柜员忙得喘不过气来的时候。二是每位客户经理联系的行政村多，跑不过来，特别是客户经理还要经常为忙不过来的柜员岗位代岗、顶岗、换岗等。

表 2－3　8 家乡镇金融服务情况

乡镇	人口（万人）	面积（平方公里）	行政村（个）	员工总数（人）	综合柜员（人）	客户经理（人）	管理岗（人）	每位员工服务人口（人）	员工服务面积（平方公里）	客户经理服务的行政村（个）
大椿	2.10	148	11	5	2	1	2	4200	13.5	11
溪口	3.56	188	15	7	3	2	2	5085	26.9	7.5
西港	2.45	50.8	11	6	1	3	2	4083	8.5	3.6
马坳	3.80	154	19	11	5	3	3	3455	14	6.3
渣津	4.00	144	24	9	4	3	2	4444	16	8
大桥	5.00	125	30	9	2	5	2	5556	13.9	6
上杉	1.23	77.4	7	5	1	2	2	2460	15.5	3.5
杭口	2.30	56	12	6	2	2	2	3833	9.3	3

表 2－3 的数据是合乡并镇、取消村民小组后的数据，归并合之前，马坳镇有 19 个行政村，下辖 360 个村民小组。溪口镇在合并之前有 26 个行政村，280 个村民小组，594 个自然村，即每个行政村管辖范围约有 20 个村民小组，40 个自然村；每位外勤人员要服务 13 个行政村，意味着要跑 250 个村民小组，400 多个自然村。乡镇合并后，行政村也大量合并，由 26 个合并成 15 个，行政村数量减少了，但下辖村民小组却增加了。

所以，在溪口等地的信用社，在贷前调查时采取“存量不上门，增量要上门”的省事做法，即老客户不再上门调查，新贷款户一定要上门看看，但毕竟人均联系的地域范围太大，村民居住分散，地广人稀，山高路远，很难把每个村庄跑遍。一是外勤人员疲于奔命、相当辛苦；二是对有信贷需求的人难以一一顾及。这也是如今不少乡镇信用社存款户多，贷款户少，在贷款农户中存量借款户多、增量贷款户少的原因。即用当地农户的话说，“能得到贷款的人，年年就那么些人”。

上面 8 家信用社的情况能代表广大农村基层信用社的情况吗？为此，笔者走访了江西省不少县市与乡镇，并取得了一些数据，具体情况如表 2 - 4、表 2 - 5、表 2 - 6 所示。

表 2 - 4 截止到 2012 年 7 月底修水县农村信用社各乡镇网点存贷款情况

网点名	存款（万元）	贷款（万元）	存贷比（%）
三都	16810	4077	24. 25
古市	12470	4092	32. 81
水源	3886	1012	26. 04
城南	9946	10415	104. 72
上奉	5253	1077	20. 50
四都	8580	2782	32. 42
白岭	6163	1293	20. 98
黄坳	5516	1607	29. 13
义宁镇	11141	6294	56. 49
黄龙	4230	2565	60. 64
山口	10961	1920	17. 52
庙岭	2995	1272	42. 47
宁红	11443	—	—
黄沙	7114	1552	21. 82
城郊	7840	6308	80. 46
全丰	6887	1400	20. 33
征村	3390	1647	48. 58
凤凰	4407	6219	141. 12
漫江	2931	882	30. 09
黄港	5255	1555	29. 59
何市	6082	1229	22. 21
东津	5757	1696	29. 46
港口	7622	2124	27. 87
新湾	1746	873	50. 00

续表

网点名	存款（万元）	贷款（万元）	存贷比（%）
东港	2103	1057	50.26
布甲	2564	741	28.90
竹坪	2632	1296	49.24
营业部（储蓄）	13283	28822	216.98
南岩	10672	13141	123.14
万坊	7531	4328	57.47
社团	—	20590	—
票据	—	5400	—
公存	28316	—	—
合计	303345	164726	54.30
合计（加邮储）	392732	179466	45.70

注：合计数据中，包括了没有计入该表的上述8家样本信用社的存贷款余额；邮储数据为6月底，即存贷款余额分别为89387万元和14740万元。

表2－4是修水全县农村信用社基层网点的存贷情况，从表中可知，存贷比高的网点都是县城城区的网点，如城南、城郊、凤凰（城中）、南岩（城东）、营业部，这4家网点的存款余额是46148万元，贷款余额是64905万元，存贷比140.65%。显然从信用社内部来讲，城区贷款大于存款，恰恰是因为把农村乡镇网点的资金调度进城了。即便如此，整个信用社的存贷比也才54.30%，意味着还有一大笔存款被上级联社的资金营运中心调去了，或用于给大型企业和大型项目发放贷款，或用于购买各种债券，或拆借到其他金融机构了。

结合表2－1可知邮政储蓄在不少乡镇设有网点，并吸收89387万元存款，但在基层并不发放贷款，已有的14740万元贷款大多是其设于县城的营业部发放的，若把这些考虑进去，农村资金的存贷比更低了，只有45.70%。再加上农业银行，在乡镇有4个网点并吸收了5.6亿多元资金，却只发放了3500多万元的贷款，农村金融的存贷比就更低了。

从笔者通过与信用社信贷人员的交流所了解的情况来看，即便是乡镇信用社所发放的为数不多的贷款中，有不少资金发放给了在县城做生意的商户。即全社16亿多元的贷款余额中，有9亿多元是发放给县城的工商户，余下的8亿元尽管发放给了全县的36个乡镇，但其中的50%多，即4亿多元是发放给了乡镇政府所在地的工商户，真正在广大农村从事种植业和养殖业的农户，能够从农村金融机构中申请到的贷款数量是不多的。即便是能够获得贷款的农村工商户，贷款金额也是相当低的。如农村信用社16亿多元贷款中发放给企业单笔在1000万元以上的有4亿多元，剩下的12亿多元贷款，共发放给了3.3万个贷款户，户均贷款余额才3万多元。更不要说，这3万多个贷款户中还有不少家的贷款余额是在几百万元和几十万元的，真正发放到农户的单笔贷款余额则更低了。

三、来自全省的情况——以永丰县和南城县为例

(一) 基本情况

通过中国人民银行南昌中心支行查询可知，2015年末，江西省金融机构本外币各项贷款余额为18561.09亿元，比年初增加2863.34亿元，同比多增343.05亿元；贷款余额同比增长18.24%，比上年回落1.47个百分点。贷款增速在中部六省中排名第一，全国排名第八。贷款增量突破2800亿元，为江西省贷款年度增量的历史新高，超预期完成2500亿元的全年目标。

从贷款结构上看，住户贷款余额为6928.30亿元，比年初增加926.21亿元，同比少增94.29亿元；非金融企业及机关团体贷款余额为11613.56亿元，比年初增加1937.69亿元，同比多增437.30亿元；非银行业金融机构贷款余额为0.20亿元，比年初减少0.73亿元，同比少减0.93亿元。

贷款增长实现历史新高主要有以下原因：一是金融机构以支持地方经济发展为己任，不断加大投放力度，尤其11～12月，贷款增量一反下半年以来的逐月放缓态势，两个月贷款增量达618.02亿元，占下半年增量的53.03%。二是多次向总行争取增加地方法人金融机构合意贷款和支农支小、扶贫再贷款规模，全年合意贷款规模达到1020亿元，为地方法人金融机构增加投放提供保障。三是新设立的汇丰银行南昌分行、江西金融租赁公司，新增的24家村镇银行，贷款余额均表现为新增额，推高年度增量。

同时存款增长有所加快。2015年末，江西省金融机构本外币各项存款余额

为25042.97亿元，比年初增加3053.94亿元，同比多增777.84亿元；存款余额同比增长13.95%，比上年末加快2.86个百分点。存款增速在中部排名第三，全国排名第十一。

从存款结构看，住户存款余额为12440.49亿元，比年初增加1358.67亿元，同比多增249.11亿元；非金融企业存款余额为6893.21亿元，比年初增加964.84亿元，同比多增438.41亿元；广义政府存款余额为4724.85亿元，比年初增加324.66亿元，同比少增90.38亿元；非银行业金融机构存款余额为973.55亿元，比年初增加406.03亿元，同比多增173.75亿元。

主要特点表现为，一是小微企业和涉农贷款占比继续提高。2015年末，小微企业和涉农贷款余额分别为4231.43亿元和7187.32亿元，同比分别增长22.43%和17.21%；占全部贷款余额比重分别为22.80%和40.48%，比上年末提高0.78个百分点和1.42个百分点。二是制造业、批发零售业贷款增速有所回升。2015年末，制造业贷款余额2070.56亿元，同比增长6.62%，比上年末回落1.62个百分点，但比6月末提高2.57个百分点。批发零售业贷款余额1504.26亿元，同比增长12.90%，比上年末提高6.09个百分点。三是房地产贷款保持较快增长，主要投向保障房开发和个人购房。2015年末，全省房地产贷款余额为4771.44亿元，同比增长23.86%，增速比全部贷款增速高5.62个百分点。房地产贷款新增919.14亿元，同比多增21.40亿元。其中，全省保障房开发贷款和个人购房贷款增量占比分别为16.66%和66.78%，同比提高2.01个百分点和5.20个百分点。①

以上是全省金融总体运行情况，省内各县的金融运行情况尤其是县域农村金融的运行情况，除了上面已经介绍过的九江市修水县的基本情况外，下面再介绍吉安市永丰县和抚州市南城县的农村金融运行情况，由于金融单位的特殊性和金融资料不易获取等原因，主要以这两县的乡镇金融情况尤其是信用社的存贷款情况来进行介绍和分析。修水处于江西西北，永丰位于江西的腹地，南城则位于江西的东南方向，从地理位置上讲，正好代表江西不同的农村地区，特别是其经济和社会发展情况较能代表江西的基本情况。

---

① 引自中国人民银行南昌中心支行官网（http：//nanchang.pbc.gov.cn/nanchang/132368/3020090/indexs.html）。

（二）永丰县的情况

表 2－5 是吉安市永丰县信用社全部基层网点的存贷情况，与修水情况大同小异，即存贷比普遍偏低。存贷比超过 100% 的，一家是营业部，另一家是城郊的佐龙，还有一家城区网点超过 80%。除城区网点外，乡镇信用社的存贷比大多低于 50%，有 14 家乡镇网点的存贷比在 30% 以下。全县信用社的存贷比是 53.51%。

表 2－5　截止到 2012 年 6 月底永丰县农村信用社各乡镇网点存贷款情况

网点名	存款（万元）	贷款（万元）	存贷比（%）
营业部	63422	72762	114.73
恩江	9448	6009	63.60
城区	10795	8853	82.01
东路	11773	—	—
佐龙	11265	11805	104.79
城西	10903	4981	45.68
富溪	4739	3362	70.94
坑田	6626	3027	45.68
八江	6839	1491	21.80
沿陂	10901	2565	23.53
潭城	6883	2814	40.88
鹿冈	6098	1805	29.60
七都	4824	2221	46.04
古县	10704	2522	23.56
藤田	11502	4183	36.37
陶唐	5823	2738	47.02
瑶田	13424	2132	15.88
石马	14303	4453	31.13
上溪	3914	785	20.06
中村	5375	930	17.30
沙溪	14701	3357	22.84
潭头	6082	1351	22.21

续表

网点名	存款（万元）	贷款（万元）	存贷比（%）
三坊	4973	1166	23.45
上固	7763	1706	21.98
龙冈	8746	2177	24.89
君埠	9323	1238	13.28
合计	281149	150433	53.51
合计（加邮储）	449407	161172	35.86

注：邮储存贷款余额分别是168258万元和10739万元。

另外，该县邮政储蓄吸收的存款余额是168258万元，贷款是10739万元，存贷比是6.38%。这两家绝大部分网点都在乡镇的金融机构，存贷比为35.86%。该县农业银行吸收的存款是151794万元，贷款是33858万元，存贷比为22.31%。这3家涉农金融机构的存贷比为33.17%。

如果把本书样本分析的修水县内的8家乡镇信用社，与永丰县各乡镇的情况对比，就会发现，上面8家的情况至少从存贷比来看还算是不错的。

（三）南城县的情况

表2－6是抚州市南城县农村信用社基层网点的存贷款情况。

表2－6　截止到2012年9月底南城县农村信用社各乡镇网点存贷款情况

网点名	信用社存款（万元）	邮储存款（万元）	信用社贷款（万元）	邮储贷款（万元）	信用社存贷比（%）	总存贷比（%）
营业部	55722	6207	56573	8814	101.53	—
城郊	7740	—	15426	—	199.30	—
万坊	6838	2369	2183	—	31.92	23.71
株良	6300	5990	3707	—	58.84	30.16
里塔	7456	3490	2277	—	30.54	20.80
新丰	4140	3451	2847	—	68.77	37.50
上塘	6670	11821	2783	—	41.72	15.05
南街	7411	—	—	—	—	—

续表

网点名	信用社存款（万元）	邮储存款（万元）	信用社贷款（万元）	邮储贷款（万元）	信用社存贷比（%）	总存贷比（%）
洪门	3794	2357	1498	—	39.48	24.35
龙湖	4190	6462	1039	—	24.80	9.75
徐家	9873	3672	2199	—	22.27	16.23
沙洲	3290	8779	1982	—	60.24	16.42
浔溪	2486	—	1549	—	62.31	—
严和	5388	—	1750	—	32.48	—
包坊	2804	—	2101	—	74.93	—
建昌	15136	6278	19464	—	128.59	90.89
金山口	3903	—	—	—	—	—
鄱阳	4835	—	1904	—	39.38	—
路东	4631	3668	2774	—	59.90	33.43
大乐	6050	—	1370	—	22.59	—
天井源	4843	—	915	—	18.89	—
小竺	2239	—	629	—	28.09	—
湖东	7971	—	1650	—	20.70	—
黄狮	3258	—	—	—	—	—
富民	4339	—	—	—	—	—
孔家岭	3164	—	—	—	—	—
盱江	—	15284	—	—	—	—
大楼	—	12564	—	—	—	—
城北	—	5493	—	—	—	—
合计	194471	97885	126620	8814	65.11	46.33

注：邮储基层网点只有存款没有贷款，存贷比右栏的数据是以信用社贷款余额除以信用社存款余额加邮储的存款余额之和得出来的。

从表2－6来看，总的存贷比是65.11%，在所调查的县市中是较高的。从该县的网点情况来看，存贷比过百的有3家，营业部101.53%，城郊199.30%，建昌即县城所在镇128.59%。另有11家乡镇信用社存贷比在40%以下，其中有6家在30%以下。显然县城所在地的信用社所发放的贷款，仍有一部分来自偏远乡镇的存款。与表2－4和表2－5稍稍不一样的是，表2－6还列入了相应乡镇

的邮政储蓄机构的存贷款的数据。这样一来，则相应乡镇的存贷比更低了。有16家乡镇存贷比在40%以下，其中又有11家在30%以下。总的存贷比则下降到了46.33%。

可见，修水县内8家乡镇信用社的存贷情况，省内其他乡镇的情况大同小异。农村经济和社会中最宝贵的资源之一的资金正源源不断地被抽到农村以外的地方去了。

（四）小结

从以上各县乡镇的金融服务情况来看，当前农村，尽管随着劳动力的输出，有越来越多的务工收入汇回农村，但是，由于留守在农村的大多是年纪偏大或偏小的老人和小孩，这些人是没有或少有生产能力的，大多是消费者。其结果是，农村的生产者大多到外地生产去，农村本地的生产也就被严重削弱，粮食蔬菜瓜果还有蛋禽奶肉等供应，无论是从数量还是质量上都有下降的趋势。而留守在家的老人和小孩所需要的生活资料，越来越难以从本地市场得到满足。

笔者这几年下乡调研时，看到的景象就是，从县城往乡村的公交车上装的货物多以米面蔬菜瓜果为主，一箱箱的鸡蛋鸭蛋，还有一只只宰杀洗净的鸡鹅鱼鸭等。而在20世纪80年代甚至是90年代，车上装的也是这些，只不过是在从乡村开往县城的车上。才经过20多年，这一带城乡之间的物资流动方向，竟然发生了180度的转变。

也就是说，当前农村，青壮年外出务工之后，尽管有大量务工的收入汇回，但这些汇入乡村后仅仅是作为消费用的货币，很难转化成作为生产用的资金。而作为消费用的货币是用1元少1元，越用越少，因而，留守在农村的老人和小孩就尽可能节俭少用，节余的钱就形成了农村金融机构的存款。这也正是前面文献综述中，亚当·斯密所说的，资本是和勤劳联系在一起的，而收入只与游惰在一起。当前农村有收入，由于缺少劳动力尤其是缺少最有活力的年轻人，收入不能转化成资本，实际上是缺少有效的金融需求，农村金融机构的存款就难以在本地转化成贷款，其表现就是农村各乡镇信用社中极低的存贷比。也就不难理解，农村金融机构在农村吸收了大量的存款之后，基本上就转存到了上级行或者是拆借去了外地。

然而，若从更深层次进行分析则情况远不止如此。即使有了年轻人，农村乡镇信用社和其他金融机构的存贷比就能提高吗?

农村金融中特别是农村信贷中，最难处理的就是固定成本。何谓固定成本?就是指贷前调查、贷中审查和贷后检查所发生的开支和费用。Banerjee 和 Duflo 认为，为了降低借款人的违约成本，贷款人在发放贷款之前，必须做大量细致而翔实的调查。在尽职调查成本中，有一部分成本可能是固定的，是一定要发生的，并不一定与贷款金额成正比，因为关于借款人的很多基本资料的收集成本都是固定的，与贷款金额无关。这些固定的贷款管理成本可以解释为什么小额信贷的利率往往较高，为什么不同的借款人之间的利率相差很大，并且穷人往往需要承担较高的利率。由于自有资本较少的借款人只能得到较少的贷款额，而固定的贷款管理成本必须用利息来弥补，所以贷款利率就会上升。较高的利率又会使借款人偿付贷款的问题恶化，即违约率上升，导致总体的贷款额缩减，而这又会进一步使利率上升。这种趋势将持续，直到贷款数额变得足够小、利率足够高，以至于利息恰好可以覆盖固定支出费用①。

这就更进一步地解释了，为什么在上述三县中有那么多乡镇的存贷比极低。也就是说，迫切需要探索出一套好的机制。比如，政府提供一定的财政贴息来弥补农村信贷中的部分固定成本，引入农业信贷保险机制来覆盖部分贷款损失等，降低农村金融中过高的信贷价格，扩大农村信贷的发放金额。

图 2 -2 中，横轴表示信贷余额，纵轴表示信贷价格，也即利率水平，DD 是信贷的需求水平，SS 表示信贷的供给水平，MPC 和 MSC 分别表示农村金融机构在开展金融服务时的边际私人成本和边际社会成本，MEC 为边际外部成本，为 MPC 和 MSC 两者之和，也可理解为上面所说的信贷固定成本。

在图 2 -2 中，作为在农村乡镇金融中占绝对地位的农村信用社，如前所述，目前国家支农惠农共有 60 多种对农民的转移支付，都由信用社来最终实施。也就是说，乡镇农村信用社实际上承担了大量的政策性金融业务，这就是金融服务中的社会成本。另外，农村乡镇金融网点单一、服务人员少、农民居住分散、地域面积大、交通不方便、信息获取困难、农民收入较低、贷款不良率高，等等，这可理解为金融服务中的私人成本，考虑到这一系列不利因素，农村乡镇信用社在开展信贷业务时，必然面临着更高的固定成本，如果这些成本完全由信用社来

---

① Abhijit Banerjee、Esther Duflo:《将贷款发放给应得之人》,《比较》2010 年第 3 期。

承担，其信贷供给曲线必将往左大幅平移。其结果，一是推高了信贷价格；二是减少了信贷供求数量。如图 2－2 所示，实际的信贷供求数量就不是 OQ_1，而是大大减少了的 OQ_2；而信贷价格则显著提高，由 OP_1 提高到了 OP_2。

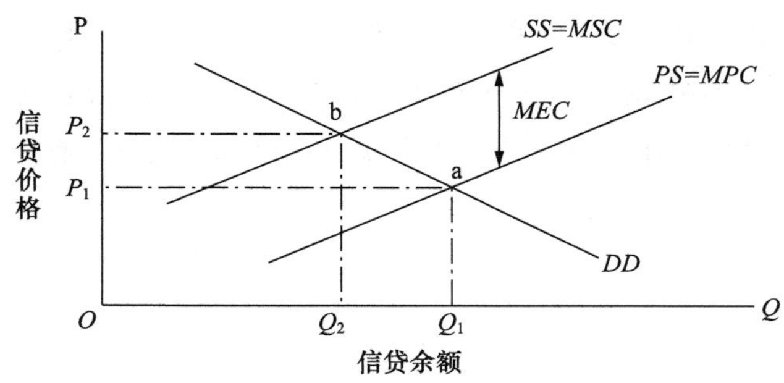

图 2－2　固定成本完全由乡镇金融机构承担对农村信贷的影响

如果政府充分考虑到上述因素，并采取一系列措施来化解甚至是减免农村信贷中的固定成本，如财政贴息、信贷保险、税收减免、政策支持等，则信贷供给曲线就会往右边平行移动，如图 2－3 所示，信贷供给就会增加到 OQ_3，将会大大高于图 2－2 中的 OQ_2；而信贷价格则显著下降，由 OP_1 下降到了 OP_3。这样，表 2－4、表 2－5 和表 2－6 中那些乡镇中过低的存贷比就有可能得到较大幅度的提高。农村基层金融机构就可以在当地发放更多的贷款。

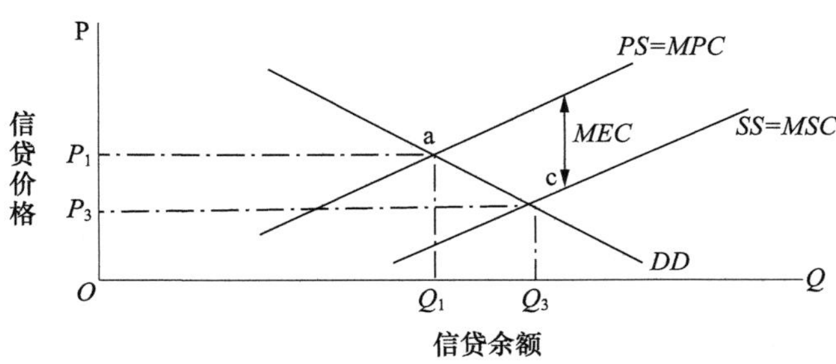

图 2－3　政府和社会分担部分固定成本后对农村信贷的影响

除此之外，还可在乡镇金融机构的组织建设中，引入一些灵活多样且切合实际的做法。比如，让农村金融服务网点充分下沉，正如前文案例所述，在村组一级寻找代理人，建立金融服务网点，招聘一批懂金融和财会并且富有责任心的人，充当业务代办员，充分利用他们对于本村或本组的经济和社会发展情况的熟悉和了解这一特点，可极大地降低信贷业务中的信息收集和加工方面的成本，尤其是贷款发放前的调查、发放中的手续办理和贷款到期后的及时清收方面的费用和成本。这样也能有效地降低农村金融中的固定成本，降低农村信贷的价格水平，提高农村信贷的供求水平，从而提高农村乡镇金融网点的存贷比，进而推动农村经济和社会更好地发展。

第三章　农村金融在创新农村社会管理中作用发挥的前提

一、农村金融知识的普及和推广

（一）农村需要怎样的金融知识

如果说金融是指资金的融通，即资金在资金的富余者和资金的短缺者之间，在达成并满足一定条件下，转让流动互通有无的话，那么金融知识即是有关资金融通的知识，既包括资金的富余者在取得自己满意的且自认为风险可控的前提下，如何让渡资金的使用权，又包括资金的短缺者在付出一定的成本的前提下如何满足其对资金的需求等。

现代金融制度下，资金的供应和需求都会形成一系列的金融工具。金融知识还包括对一系列金融工具的了解、掌握并能熟练运用的能力。随着经济和社会的发展，金融也在保持着与经济和社会相应的、有时甚至还是稍超前的发展，由此产生了许许多多的金融工具。既有传统意义上的金融工具，如各种存款、贷款以及中间业务产品，也有表外业务和其他金融产品，如各种担保类和衍生类金融产品，特别是资产证券化后产生的各种金融产品。如何判断、识别并运用这些对财富的保值和增值有着重大作用的金融产品，规避那些自己不熟悉或掌握不了的极易给自身财富形成损害的金融产品和金融活动等，都需要有相应的金融知识。同时，对资金的经营、管理、流通、运营，是由金融机构来进行的；如何了解金融机构，如何接近金融机构，如何与金融机构打交道，如何从金融机构中获取自己所要的金融产品和金融服务等，同样需要有相应的金融知识。资金的运用和流转往往还会发生各种各样的不测和风险，又该采用哪些手段和方法来防范、规避不同风险等，也离不开相应的金融知识。

由于金融在经济运行和社会发展中扮演着重要的角色，起着举足轻重的作用。作为经济和社会发展中的个体，该如何运用金融的力量，使个人财富的积累速度跟上社会财富的增长步伐，特别是当前金融已经成为国家实施宏观调控的重要的工具和手段。比如，在经济萧条时，政府往往会采用积极的甚至是扩张的金融政策；在经济过热时，政府又往往会采用保守的甚至是紧缩的金融政策。这时无论是企业还是个人在与金融机构打交道时，会感觉到比较困难，既有对国家政策理解上的困难，也有自己如何适应并采取相应对策方面的困难。显然，在不同的金融环境下，个人如何了解国家金融政策，采取相应的应对措施来适应各种变化，从而使自己的收入和财务保持可持续并得到增值，也是必须了解并掌握的金融知识。

金融知识，可以分为普及类金融知识、提高类金融知识、精英类金融知识；也可以分为家庭金融知识、社会金融知识、国家金融知识；还可分为微观金融知识、一般金融知识、宏观金融知识。在广大农村里农户所需要了解甚至掌握的金融知识，还是家庭的、一般的、微观的金融知识，在此基础上再进一步了解熟悉更高、更深层面的金融知识。

（二）金融知识如何推广和普及

要使金融在农村经济和社会发展中发挥应有的作用，前提之一，农民必须了解并掌握一定数量的金融基础知识。如前文案例一，在村民间就近设置金融网点，无论早晚都能十分方便地开办各种金融业务，村民参与各种金融事务几乎没有门槛，即使那些很少在代办点存钱或贷款的村民置身于一个这样的环境，耳濡目染之余也能知晓不少金融事务，吸收不少金融知识，接受相应金融理念。这种寓金融教育于金融服务、寓金融服务于日常生活之中的模式是改革开放初期，农村金融能在广大农村顺利展开且取得较好的经济和社会效益的重要原因。

金融知识的普及和推广，具体来讲，有以下途径。

1. 来自家庭的金融教育

何谓家庭金融教育？首先让我们来看一看洛克菲勒家族，是如何实施家庭金融教育的。

对每一个儿女，在他们七八岁的时候，依其成熟程度而定，就灌输金钱这一主题。津贴，你自己掌握的钱，随你的意愿去处理，但金钱并不仅仅意味着立即花用的东西，假使你要一样比你一周津贴还贵的特殊东西，你必须节约到有足够的钱去买这件特殊的东西，所以你不得不节约一些津贴。那时候有人比你更需要这笔钱，圣经上说一位好的基督徒应当帮助有需要的人类同胞，所以你还必须施舍钱。

洛克菲勒家的津贴开始是每周三角。他让每一个儿女都知道，他指望在这三角钱中他或她要“既花用又节用和施舍”多少呢？虽然不强迫你这样做，却暗示你每周节储一角，捐给教堂一角，花用一角。

还有一个附带条件，因为金钱实际上只是像任何工具一样的一项工具，能够用它做许多事，能用得适当或不适当，父亲就每周检查，看巴布斯、约翰、纳尔逊如何处理钱。因此，每个孩子在领到津贴时还得到一个小账本，他或她必须在这个账本上记载是如何处理津贴的。每分钱都必须说出用途和写明日子，每项开支都必须有解释或辩护，如果账目记得好，就能指望增加他或她的津贴。

祖父从16岁起就记载他工作一生的这种个人账目，父亲也记了一份。因为它是一个人能知道自己怎样用钱的唯一方法。即使一个人不保持一份记录，那么钱多半会从手指缝里溜走，要用时没有了。那是浪费掉一项宝贵的工具①。”

可见，家庭金融教育，是指小孩在家庭和父母身边感受并学习如何去有效取得并合理使用各种收支，如何保持现金或其他资源在使用的时候做到细水长流，如何更合理有效地持家，如何使自己和家人在一个较长时段里保持财务可持续性等。一般家庭，在打理各自的财务、保持财务可持续性方面有许多理念。首先，要有收入，才能保证家庭财务不枯竭，如“问渠哪得清如水，为有源头活水来”；其次，要有计划和通盘考虑，如“吃不穷、穿不穷，算计不好一世穷”；再次，要节约，不能铺张和浪费，如“聚财犹如针挑土，散财尤如浪淘沙”；最后，做人要正直厚道，要有热心公益、回报社会的精神，如“刻薄不赚钱，忠厚不折本”等这些都是一些朴实有效的金融教育和金融理念。

古今中外，不管是什么文化传承和家庭背景，在教育小孩上表现在金融方面，首先，不轻易给小孩钱，或者说，只有小孩有所付出，才能相应给些报酬，

① 阿尔文·莫斯考，齐蜀夫译：《洛克菲勒家史》，新华出版社，1979年。

这方面越是富有家庭，越是不轻易给小孩钱财，除非是劳动所得，如洛克菲勒家族对小孩的家庭金融教育会明标价码，如给大人擦一双皮鞋多少钱、修剪一次草坪多少钱。这样做，一是要使小孩明白，钱财往往是汗水的凝结，来源于劳动；二是如果小孩需要钱，得计划好该以怎样的劳动和付出取得，该帮家里或社会做出什么，有付出才会有收入，有舍才能有得；三是从小就要让小孩明白金钱的功能，不仅对自己有用，对别人也有用，比较用在什么地方、什么事情、什么对象上才能发挥资金的最大作用，教育小孩用好每一分钱，从小就学会挣钱、储钱、用钱甚至是捐钱。这样，因为每一分钱上都沾着汗水，来之不易，小孩在使用钱财时也就会掂量一番，不轻易用钱，尽量用在刀刃上。同样的事情也发生在大多数犹太家庭。也正因为这样，洛克菲勒家族兴旺发达了好几代，打破了“富不过三代”的魔咒；犹太民族在积财聚富的能力方面也表现出了很高的水平。

要结合我国的文化和传统，来开展家庭金融教育，并有自己的主题和特色。改革开放前，农村经济比较落后，农村家庭收入有限，父母不轻易给小孩接触钱，小孩即使需要用钱，要详细说明其用途，既要事先有合理的预算，同时还往往要通过参加一定的家庭劳动或社会劳动才能相应获得，这其实就是一种金融教育。改革开放后特别是近年来，父母外出打工，常年不在小孩身边，会在金钱上对小孩特别大方，经常给小孩数额较多的现金或存款，一是供小孩平时零花或生活所需，二是借以弥补大人长年不在小孩身边的亏欠，三是防备小孩在家时有不时之急需。如何管理这些资金，如何合理有效地花这些钱，小孩往往难以具备相应的金融知识，同时，总认为这些钱伸手即来，有的还不知大人在外打工挣钱之辛苦，对钱的合理有效使用不够。这方面还需要有相应的金融知识和金融理念。

2. 来自学校的金融普及

一个人的一生，如果能够接受完整的教育，如幼儿园 3 年，小学 6 年，中学 6 年，大学 4 年，研究生 3 ~ 6 年，这正是人一辈子中最好的年华，几乎是人生当中 1/4 或 1/5 的时间用在接受教育上。

就目前的情况来看，人生当中在这个最好的时段里，接受到的金融教育实在是有限甚至是严重不足和缺失。特别是在基础教育期间，包括高中部分，都没有接受到应有的金融教育。当今社会，金融所起到的作用，无论是对国家，还是对家庭和个人都是相当巨大且无可替代的。那么，人们无论是作为家庭成员，还是作为国家的公民来讲，如果不能掌握一定的金融知识，并把这种金融知识用于个人生活、家庭管理和经济活动中去，可以说这个人的人生是不完美的，有缺憾的。

从金融教育本身来讲，有着由浅入深的属性，供不同的人群在不同的需求中掌握和使用。比如，拿组成金融的三大内容——货币、信用和金融机构中的货币来讲，就有着由浅入深的四个层面的内容，既有在日常交易中充当一般等价物的货币，也有在生产经营中充当投资手段的货币，还有用于因时间、地点、见识等因素不同而低买高卖赚取价格差的一般被认为是充当投机手段的货币，更有国家、政府和货币当局用来保持经济和社会稳定的用于实施宏观调控用的货币。由此衍生出来的金融知识则更多样、更复杂了，特别是在国家实施宏观调控时货币政策有松有紧，或者是松紧结合、松紧交替，这个时候，个人、家庭和企业，又该采取怎样相应的手段来调整和适应等都离不开相应的金融教育和金融实践。

上述这些，都应在人生中不同的学习阶段，有所涉及。比如，幼儿园阶段、小学阶段、初中和高中阶段乃至大学阶段，该如何认识、了解、理解甚至是掌握货币及其不同的属性。不同的阶段，有关金融学习的内容、难度、可操作性和实践性均有所不同，需要了解或掌握的程度也不一样，但都有利于培养并形成对自己现在和将来都有用的金融意识和金融能力。或通过知识介绍，或通过课文选读，或通过社会参与，或通过课堂讨论，或通过案例分析等，从中感悟并收获诸如付出、节约、勤俭、积累、捐助等人生当中不可缺少的德行，培养并树立较好的财富观念和公民意识。

对货币是如此，由此推广开来，比如，对信用、对金融机构的了解和认知甚至比这更宽阔更深入的金融知识和金融理念，均可融入不同阶段的学校教育中去。

在大学阶段，金融教育只是在财经类院校或专业中展开，而在其他专业则很少涉及。前面说过，当今社会，金融知识已经成了人生过程中不可或缺的通识，因而金融教育也就是一种通识教育了，理应在大学阶段的不同专业都应开设供所有专业学生选修或必修的金融经济类课程，发展金融类的社团组织。

财政金融类大学或专业，不能关门办学和教学，要走出课堂，走出校门，在学校、社区、社会中推广普及金融知识和技能。同时，也接纳对此有兴趣的民众到学校甚至是进课堂去学习、培训各种金融类知识和技能。当前学校里的金融教育几乎是处于一个象牙塔中，圈着一伙专门学习金融的人，为学金融而学金融，没有与周边的人和事特别是和金融相关的人和事进行沟通交流，更没有参与到金融实践中去。显然，金融教育的推广、金融知识的普及和金融技能的提高还有极大的发展空间。

3. 来自社区的金融活动

滕尼斯（1855－1936）在1887年出版的《社区与社会》一书中，认为社区是由同质人口组成的关系亲密、守望相助、疾病相抚、富有人情味的社会群体。社区内的社会关系是紧密的、合作的和富有人情味的①。1917年，麦基文在其出版的《社区》一书中指出，“说到社区，我意指任何共同生活的区域：村庄、城镇，或地区、国家甚至更广大的区域。”他还说，“不管什么地方，人们只要生活在一起，他们就会发展出某种类型和某种程度的有区别性的共同特征——风俗、传统和生活方式等。它们是有效的共同生活方式的标记和结果。并且我们将会看到，一个社区是一个更大社区的组成部分，所有社区只是一个程度问题。”②

1952年，联合国正式成立了社区组织和社区发展小组，具体负责推动全球特别是落后地区的社区发展运动；1955年联合国发表了《通过社区发展促进社会进步》报告书，成立社会局社区发展组，这一组织在亚洲、非洲、南美洲等推动社区发展运动，为农村社区发展提供经济、技术援助，制订教育培训计划，改造旧有的公益设施，修建水利工程，促进贫困地区经济和社会发展；1960年，美国政府制订反贫困作战计划，确定了社区发展基本原则，通过实行外援和社区自助相结合的社区行动计划来解决贫困问题③。在中国，1989年12月，全国人大通过《中华人民共和国城市居民委员会组织法》，将社区服务以法律条文形式固定下来，2000年11月，国家颁发了《民政部关于在全国推进城市社区建设的意见》，强调“以改革创新精神加强城市社区组织和队伍建设”。

在我国广大农村地区，一个个聚族而居的村庄实际上就是一个个由“乡土社会、熟人世界”组成的社区。尽管，各级政府颁发的正式文件中没有明确提出农村社区这一概念，但在农村社会并不缺乏日常的组织和管理工作，承担这项工作的就是农村村民委员会，其在协调关系、组织群众、动员力量、推进发展方面，作用与社区组织可以类比。1998年11月4日第九届全国人民代表大会常务委员会第五次会议通过2010年10月28日第十一届全国人民代表大会常务委员会第

①②③ 杨叙：《北欧社区》，中国社会出版社，2004年。

十七次会议修订的《中华人民共和国村民委员会组织法》中，在第一条、第二条、第三条和第四条中明确规定："为了保障农村村民实行自治，由村民依法办理自己的事情，发展农村基层民主，维护村民的合法权益，促进社会主义新农村建设，根据宪法，制定本法。""村民委员会是村民自我管理、自我教育、自我服务的基层群众性自治组织，实行民主选举、民主决策、民主管理、民主监督。村民委员会办理本村的公共事务和公益事业，调解民间纠纷，协助维护社会治安，向人民政府反映村民的意见、要求和提出建议"。"村民委员会根据村民居住状况、人口多少，按照便于群众自治，有利于经济发展和社会管理的原则设立。""中国共产党在农村的基层组织，按照中国共产党章程进行工作，发挥领导核心作用，领导和支持村民委员会行使职权；依照宪法和法律，支持和保障村民开展自治活动、直接行使民主权利。"

农村村民委员会，应该就是一般意义上的农村社区组织。村民委员会平时的工作主要还是组织动员乡村力量，协调和化解乡村矛盾，维护农村基层稳定等。然而综观当前农村要"调解民间纠纷"促进社会稳定也好，要"开展村民自治并直接行使民主权利"来"促进社会主义新农村建设"也好，离不开农村经济的全面发展，离不开农村社会的自我完善，这些恰恰要建立在农村经济和社会组织的全面、多样的基础上。

当前农村组织，无论是从经济层面还是社会层面，唯独少了金融和信用组织。1927 年，毛泽东在《湖南农民运动考察报告》中指出，"消费、贩卖、信用三种合作社，确实是农民需要的……他们很迫切地要解决这三个问题"。梁漱溟说过，"使吾能一面萃力于农业改良试验，以新式农业介绍于农民；一面训练人才提倡合作；一面设为农民银行，吸收都市资金而转输于农村，则三者连环为用……而农业社会化于焉可望"。新中国成立以来的半个多世纪时间里，农村基层特别是村组一级，农村信用合作组织几乎处于缺失和空白状态。

正如前面所述，不少学者和研究人员认为，当前我国农村尚不存在信用合作的土壤和空间，所以农村信用合作社自 20 世纪 80 年代以来的改革是趋于失败的甚至是已经失败了。如果仅以农村信用合作社来做样本，可能是这样。但是，农村中真的是没有信用合作的土壤和空间吗？农民真的不需要各种形式的信用合作组织吗？

答案当然是否定的。如前所述，请客送礼就是乡村社会中合作互助的一种形式。只不过在改革开放之前，大家都穷，手头没有现金，合作互助精神体现在三五个鸡蛋、一两升米面、几尺布、一篮子菜上面；如今经济好了，金钱取代了实物，一旦亲友有事，大家纷纷送礼，礼金多少，随着事情的大小和亲缘的远近而定，这实际上就是金融形式的合作互助。

但是这种形式问题不少。一是通过请客的方式来要求被请的一方送礼，首先要办酒席，这可是一笔不菲的费用。尽管请客所收的礼金可以无须付出利息即可使用，但是，这笔钱是迟早要还的，遇到别人有事情时会再一笔笔地还给对方，当然，每"还出"一笔钱还要吃对方一次酒席，无疑这种通过请客送礼融资的成本，即要办无数次酒席的花费无疑是巨大的。二是每每办酒席时还会讲排场、讲攀比，往往会造成浪费，坏了社会风气。三是有的人家事情多，有的人家事情少，通过请客送礼引起的资金进出，往往不太均衡，更难对等；等等。

这个时候，如果存在真正意义上的互助合作金融，即把传统乡村社会中的请客送礼融资的方式，替换成各种形式的合作社、互助会等，就可省却上述的浪费和失衡了。也就是说，如今的乡村需要有一些关于金融方面的创新，特别是要鼓励支持乡村设立一些金融组织或信用机构，为需要融资的亲友解难舒困。比如，在自发的基础上组建各种生产和消费合作社尤其是金融和信用方面的。

可见当前农村，有合作性和互助式的金融土壤和实践，关键是如何对已有的这些合作和互助的形式进行改良和创新，使之更低成本，使之更高效率，使之更注重生产方面。

当然，广大农村"由同质人口组成的关系亲密、守望相助、疾病相抚、富有人情味的社会群体"中的那些相互间通过吃请等筹资融资的做法，特别是那些礼尚往来、有往有来的、表面上是人情交往实质上是资金往来的合作或互助金融活动，也成了一种有效的金融教育途径和手段。一代代人从中学到了如何利用亲朋好友的资源，在紧急和必需的情况下如何迅速地把社会资本转换为金融资本，为己所用，解决融资问题。

4. 来自机构的金融参与

参与农村金融机构的各种金融事务和金融活动，是广大农村村民获取相关金融知识的一个重要途径。

当前，在广大农村最多的金融机构是设立于乡镇一级的农村信用合作社，尽管发生于21世纪初的合乡并镇使得现有的乡镇规模，无论是人口还是面积都有不同程度的扩大，但村民在有资金需求时，如果想到要和正式金融机构打交道，还是可以花点时间赶到乡镇政府所在地，在那里找到农村信用合作社，提出自己的要求和申请，等候信用社的审核和通过。近年来，政府加大了对农村和农户的帮扶力度尤其是各种惠农补贴，依照笔者的统计共有 64 种之多。而每笔补贴都要通过农村信用社的银行卡发放，村民们每领一笔补贴都要和农村信用合作社打一次交道。可以说，今天没有和农村信用社打过交道的村民已经是相当稀少了。

村民到了农村信用合作社就可以感受并学习到不少金融知识。一是通过张贴在金融机构内的各种宣传画、通知和公告，来了解办理不同的银行卡，了解不同的理财产品，了解存贷款利率水平及其变动调整情况，了解如何办理各种涉农金融业务，了解国家有关惠农强农的优惠政策措施等。二是在与金融机构的工作人员打交道时，通过与柜面员工办理存款取款业务、购买理财产品、咨询相关代理业务、问询贷款手续和程序、打听相关业务的开办和操作情况来了解熟悉金融。三是在等候办理业务时，村民之间通过相互打听并交流各自与金融机构打交道的理会和心得，办理各种金融业务的过程和经验，利用贷款从事各种生产和消费活动的甘苦得失，特别是有关种养加工等方面的经验借鉴和教训总结等来学习金融知识，提升金融技能。从我们的走访调查来看，农户就经济金融事务交流得最多的时候，就是在金融网点办理业务时排队等候的间隙。

除了农村信用合作社，还有农业银行驻乡镇的营业所，但目前这类机构已经被 20 世纪末和 21 世纪初撤并得差不多了，仅仅在人口总量、地域面积和经济规模都较大的乡镇才有营业所。农户在办理业务时也能了解不少金融相关知识。遗憾的是，笔者所调查的乡镇营业所大多只办理存款业务，很少办理个人贷款业务。前几年，有不少乡镇营业所还办理农业银行的金融创新产品“惠农卡”，通过惠农卡农民可以循环使用一些小额贷款额度用于发展生产搞活经济。现在这一产品，由于种种原因也在收缩甚至是萎缩。

另外，就是邮政储蓄银行设在乡镇的网点。这些网点数量多分布广，因为网络好，汇通方便，农户间外出打工后往往通过邮政储蓄汇款，不少人就把汇过来的资金，方便就近地存入邮政储蓄网点。但是，前些年，这些邮政储蓄网点，只负责吸收存款，不能发放贷款。现在可以发放小额抵押或质押贷款了，但农户可用于抵押或质押的财产和工具不多，申请此类贷款较难。邮政储蓄一直在做存款业务，在贷款业务的开发上还显滞后，特别是囿于传统，暂时还缺少相应的信贷人员和信贷经验，且农户对邮政储蓄的了解和认同上还没有对农村信用合作社那么深切。从笔者的调查来看，邮政储蓄正在加强这方面的宣传和推介，且推广金融业务的动作和力度一年比一年大。无疑这对广大农户来讲，又是一片学习了解金融知识的窗口和园地。

前面说过，20世纪的80年代和90年代，设立在当时的人民公社所在地的农村信用合作社，还会到生产大队有的甚至是生产小队即现在的村民委员会和村民小组设立业务代办站或业务代办点，挑选那些文化好、懂财会、熟悉金融，有责任心的人担任包片业务员。这些包片业务员就住在村里，与村民们生产和生活在一起，知道村民的家底和生产状况，也知道各自的生活和收入水平以及人品和道德水平。谁家需要资金，谁家有余钱，包片业务员都成竹在胸，都能有针对性地去发放贷款和吸收存款。在开展具体业务的时候，也是相关金融知识和金融技能普及扩散的时候。

5. 来自社会的金融监督

真正的农村信用合作社采取的是合作制，即农户是信用社合作社的社员，一人一票，平时参与合作社的具体事务，选举时拥有投票权，在合作社所从事具体的金融工作中，行使属于自己的一份监督权。

最早的监督来自人民公社时期的生产大队和生产小队，队里年底要做决算，要算出全队一年的收入情况，再除以全队社员所出的劳动日，就得出了每个劳动日的平均收入，然后要张榜公布，供大家讨论补充，如有错误和遗漏还要一一更正，这样，往往要公布一榜、二榜、三榜。最后如果没有异议，再据此进行年终分配。其实，此时每家每户，不用看队上的分配表也可根据自己全年的出工情况算出自己一家的收入，得出是否从集体进钱还是需要向队上出钱（超支）。待队上分配表张榜之后，其结果与各家自己核算的情况往往是惊人的一致。可以说整个过程，包括平时出工情况，工分的记载，队里会计出纳的账簿进出，队里粮食和其他收获物的收晒、入仓等，都要经过队上社员无数双眼睛的审视和监督。

后来，人民公社、生产大队和生产小队撤销，队里的财务被转到了信用社，或者说由各地的基层信用社或信用社设在村里的代办点接管了，村民也会有事没事地往代办员处走动，打听并了解一下集体还有多少应收应付和已收已付的账目。特别是超支户家庭，原本是因为超支欠了集体的，又因为集体欠了信用社的，所以不少超支户就由欠集体的转变为欠信用社。信用社为了收回一部分欠款，每年会主动公布账目，村民就会知道相应情况，并会主动提供一些有用信息。可以说这个时候，信用社的基层网点与农户的关系还是相互熟悉、相互信任的，实际上也能够做到相互监督、共同防控各种风险。信用社知道每家每户的情况特别是经济情况，哪家钱多些、哪家钱紧些，在开展相应业务时，往往能够心中有数且得心应手。而村民呢，也知道信用社已有哪些政策和做法，怎样做才能满足信用社的借贷条件并能及时得到自己所需要的金融服务。

再后来，在20世纪末期，各金融机构开始在农村收缩机构和网点，原本设在村组一级的信用代办点撤销，农业银行基本上撤销了乡一级的营业所，仅仅在少数几个经济较好的乡镇保留了有限的网点。信用社也只在乡镇一级设有网点。而此时的乡镇，往往经过了合乡并镇等机构精简和改革，乡镇的地域更宽更广，村民离乡镇政府的距离更远了。乡镇信用社因为所要服务的人口更多了，范围更大了，而信用社的员工数量又较少，因而使得村民与信用社之间越来越生疏，甚至很少发生来往关系。加上信用社的老员工不断退休，新员工又都是从外面招录进来的，使得信用社对当地不了解，而当地的村民又对信用社不熟悉。因此，无论是金融业务也好，还是金融监督也好，都已经日益淡出乡村百姓的视野。

如果是完全按照信用合作社的制度设计和章程要求，那么，在广大乡村中生产和生活的农民，同时还是信用合作社的社员，就可以通过参加社员代表大会来实施对信用合作社的管理和监督，提出相应的诉求，如果诉求合理，就会得到相应的响应和解决，特别是针对信用合作社的重大业务变动、重大人事调整，重大经营变化，由社员代表大会或经过代表大会选举出来的理事会进行表决决定。在年终决算时，通过各种公开的资料来了解信用社的生产经营情况，在分红等事项中，通过一人一票来进行表决和主张。这样既能体现农民作为社员对信用社的监督管理，又能提升并增强作为社员的农民的民主意识和自治精神。也许由此途径，会更好地接近实施村民自治的国家理想。

6. 来自政府的金融政策

国家的金融政策有大有小，大的方面，如编制中长期发展规划，制定和实施满足规划的货币政策，对汇率和利率的管理，存款准备金率的调整等；小的方面，如每年春耕生产中支农信贷政策的实施和变动情况，国家为扶持某些产业实施信贷优惠或贴息贷款，农民在申请贷款时相关政策与手续，耕地、林地和水面的权利确定、承包转让、担保抵押政策等。

在宏观金融政策的制定和实施方面，农村和农民对此往往关注不够，更谈不上有所了解。国家宏观层面的金融政策也往往只是城市或高层的事情，农村和农民对此缺少相应的沟通和兴趣。究其原因，也许是农民源于传统的观念和思想，认为这只是庙堂上的事，与农民自己没有太大关系，即使是有关系也没有办法去关注和了解。殊不知，随着现代网络的发展和政府信息公开的建设，各种文件和数据都可在相应的电子平台中获得。而农民对这些还未曾习惯。这个时候就要有相应的组织或力量，帮助农民如何去关注并了解国家相应的政策和目标，以增加农民对经济政策和经济环境的了解，找准生产和经营的方向，减少甚至避免其因对相关政策的不了解而造成生产和经营的失误。

针对农村和农民制定的各种金融政策，尤其是信贷支农惠农的各种规定和措施，农民的关注和了解也是严重不足的。究其原因，主要还是农村地域广大，农民居住分散，加上并村合镇之后，村下面的村民小组被撤销，村一级行政管理的地域太大，联系的人口太多，而村干部人数又在减少且不少村干部还在其位失其政，农民实际上处于一种无从管辖和放任自流的状态，因而农民缺少了一个了解国家相应政策的通道或者途径。这个时候设立在乡镇一级的金融机构或网点就应利用农民前来领取国家各种惠农支农资金甚至是养老资金的机会，通过展板或其他资料向农民宣传介绍相关的政策，以促进农民对国家和政府相关政策和措施的了解。在设计和推广某些金融产品时，应尽可能把相应的金融政策和措施包容进去，“捆绑”销售，以扩大农民对国家和政府相应金融政策甚至是其他政策的接触面。

（三）小结

根据《中国家庭金融调查报告 2012》，中国家庭的金融市场参与率为 11.5%。股票市场的参与率为 8.8%，其中，城市家庭为 14.3%，农村家庭只有 2.3%。基金市场参与率为 4.2%，其中城市家庭为 7.6%，农村家庭只有 1.3%①。总体来讲，中国家庭对于金融市场的参与程度不高，尤其是农村家庭对金融市场的参与程度则更低。

显然造成这种现状的原因，一是农村家庭对金融知识的了解和掌握有限，严

① 甘犁、尹志超、贾男、徐舒、马双：《中国家庭金融调查 2012》，西南财经大学出版社，2012 年。

重限制了农民参与金融活动的能力。从笔者对农村的多次调研情况来看，即使有些地方的部分农民稍稍具备一些金融知识，也大多是一些简单的如存贷款方面的手续及如何提供一些适应银行要求的担保品方面的知识；对于一些略显专业方面的知识，如股票、债券、基金、理财等方面则了解不多或根本就不了解，这就会影响农村家庭对金融市场的关注与参与。二是农村地区的金融机构，与城市相比无论是从数量上还是密度上都严重不足，使得农民了解并参与金融事务的途径不多、机会有限；因为不能够参与金融事务，也就没有相应的金融经历和金融技能，制约了农民金融能力的提高。

由于农民远离金融市场，也就远离了利用金融市场进行家庭财产保值、增值的可能性。一国居民财富的形成往往有四种形式：一是劳动所得形成的工资收入；二是土地所得形成的地租收入；三是资本所得形成的利息；四是企业家精神所得形成的利润。由于农民远离金融市场，缺少资本所得，而土地所得方面，由于农民对于土地只有使用权（地面权）没有所有权（地底权），因而土地所得大多囿于对土地投入后的劳动所得，还很难形成并获得地租，尤其是不能获得土地升值后的级差地租收入，这也就形成了当前在我国，城乡之间、贫富之间的收入差距越来越大，基尼系数居高不下的原因。

当前，在收入差距日益扩大的影响因子中，劳动所得所形成的差距固然不小，但资产所得方面的差距越来越大。为了响应并实现中央提出的要让农民等低收入群体逐渐获得资产性收益的号召，就要在农村等低收入群体较集中的地区普及金融知识，提高金融技能，拓宽金融途径，让更多的人拥有参与金融实践的机会。

二、农村金融服务的普惠与均等

农村金融服务的普惠与均等，实则是一件事情的两个方面，当然次序上或许有先有后。首先，只有树立了普惠金融的理念，那么在金融网点的设置与布局、金融产品的设计与供给、金融服务的全面和多样等方面才会考虑最广大的群众，特别是偏远地区和低收入水平的群体才会享有均等化的金融服务。其次，有了相对均等化的金融机构、金融产品和金融服务，才能做到对最广大群众的全面化、多样化和差异化的普惠金融服务。

在这里分两部分来展开：一是何谓金融服务的普惠和均等；二是为何要坚持金融服务的普惠和均等。

（一）何谓金融服务的普惠与均等

如前所述，金融服务普惠制，也叫金融包容、普惠金融，这个概念来源于英文 Inclusive Financial System，是联合国率先在宣传2005 小额信贷年时广泛运用的词汇。其基本含义是：能有效、全方位地为社会所有阶层和群体提供服务的金融体系。目前的金融体系并没有为社会所有的人群提供有效的服务，联合国希望通过小额信贷（或微型金融）的发展，促进这样的金融体系的建立。其核心是，让每一个人都能在有金融需求时能以合适的价格，及时地并有尊严地享受方便的、高质量的金融服务。

一般地，普惠金融体系应该包括以下几个层次的内涵：一是普惠金融首先是一种理念，2006 年诺贝尔和平奖得主、孟加拉乡村银行创办人尤纳斯说过，信贷权是人权。也就是说，每个人都应该有获得金融服务机会的权利。只有每个人拥有金融服务的机会，才能让每个人有机会参与经济的发展，才能实现社会的共同富裕，建立和谐社会与和谐世界。二是普惠金融致力于让每个人获得金融服务的机会，因此，要对金融体系进行创新，包括制度创新、机构创新和产品创新。三是由于大企业和富人已经拥有了金融服务的机会，建立普惠金融体系的主要任务，就是为传统金融机构服务不到的低端客户和贫困人口提供机会，这就是小额信贷或微型金融——为贫困、低收入人口和微小企业提供的金融服务。为此，首先，要在法律和监管政策方面提供适当的空间；其次，要允许新建小额信贷机构的发展；最后，鼓励传统金融机构开展小额信贷业务。

中国人民银行在 2012 年公布了《金融业发展和改革“十二五”规划》，提出了金融服务均等化的概念。可以说，金融服务均等化既是未来中国金融业的发展趋势，也是中国实体经济对金融业提出的要求。易宪容在解读《金融业发展和改革“十二五”规划》时认为，金融服务均等化主要有两层意思：一是金融服务基本实现全覆盖，坚持金融服务实体经济的本质要求，确保资金投向实体经济；二是实现金融服务专业化、特色化、精细化、品牌化，促进基础金融服务均等化，提高金融服务的可获得性①。

金融服务的均等化是与金融服务的大众化、普及化联系在一起的，金融服务均等化，既是解决当前金融“脱实向虚”和金融经济发展“空心化”的重要手段和措施，同时又是调整与改善社会收入分配不公平的工具，帮助广大弱势群体在社会中向上流动的方式。因为，金融服务均等化就是要求现代金融为实体经济服务，为提高人民的生产和生活水平服务，尤其是让更多的弱势群体与中小企业和小微企业通过金融服务均等化来分享整个社会经济增长之成果，缓和当下收入分配失衡和贫富分化的现状。

2016 年 1 月 15 日国务院印发《推进普惠金融发展规划（2016—2020 年)》，这是国家层面的发展普惠金融的战略规划，提出发展普惠金融要按照“健全机制、持续发展，机会平等、惠及民生，市场主导、政府引导，防范风险、推进创新”等原则，有效提高金融服务的覆盖率、可得性和满意度，明显增强人民群众对金融服务的获得感，到 2020 年，要建立与全面建成小康社会相适应的普惠金融服务和保障体系，特别是要让小微企业、农民、城镇低收入人群、贫困人群和残疾人、老年人等及时获取价格合理、便捷安全的金融服务，使我国普惠金融发展居于国际中上游水平。②

中共十八大以来，党中央多次强调要让市场在资源的配置中起决定性作用，实际上更加突出并彰显了金融在经济和社会发展中的作用。在当前和今后的经济发展中，谁握有金融资源，谁就能立于市场经济的潮头。而金融本身的特性，则是更偏向于“锦上添花”，而非“雪中送炭”③。普惠金融恰恰就在于要求两者兼顾，一个都不能少。这就必须要“完善普惠金融服务保障体系、完善普惠金融基础设施建设”，实现城乡基本金融服务均等化。所谓金融服务均等化，指不仅要继续发展商业性金融，还要大力发展合作性金融、互助性金融和政策性金融，同时要引导规范各种传统金融和民间金融的发展。商业性金融在继续发挥效率优先，促进“富者越富”的同时，合作性、互助性和政策性金融则在公平领域，帮助更多低收入群体和弱势群体实现提高收入改善生活的愿望。作为正式金融的

① 易宪容：《金融服务均等化概念被提出》，《证券日报》2012 年 9 月 24 日。

② http：//politics. people. com. cn/n1/2016/0115/c70731 –28058247. html.

③ 曾康霖：《再论扶贫性金融》，《金融研究》2007 年第 3 期。

有效补充，非正式金融可在正式金融难以覆盖的地区开展业务，拾遗补缺，方便人们生产和生活。

（二）为何要实行金融服务的普惠与均等

1. 从权利的角度来看实行金融服务的普惠与均等

正如孟加拉乡村银行的创办者尤纳斯说的，信贷权利是人权的一种，给贫困人口提供一定的小额信贷服务是落实人的基本权利。尤纳斯的这一说法，把提供和得到金融服务上升到人权层面，极大地强调了金融在现代社会中的重要性。来自印度的经济学家阿蒂亚玛·森则从另外一个角度上强调说，人们有免于遭受贫困的权利，造成人们贫困的原因很多，但最重要的原因之一是权利不平等。

前面引述过新古典经济学家阿尔弗雷德·马歇尔的观点，人们参与国家或社会的财富分配要通过四种要素来进行，分别是土地、资金、劳动力和企业家精神。作为广大农村中的农户特别是目前还较贫困的农民，企业家精神暂时还缺少；土地是国家或集体的；缺少资金；有劳动力，但是因为穷，受教育时间较少和受教育程度较低，劳动的机会成本低，劳动的生产率低，通过提供劳动力的方式来参与社会财富的分配往往只能得到数量有限的工资收入，而近20年来，工资所得在社会的财富分配中越来越处于不利地位，所占比例在不断下降。

企业家精神短时难以培育，土地又是国有的或集体的，工资水平又难以及时提高，那么要提高广大农户在社会财富分配中的比重，只能是通过资金这个点切入和着力。然而因为穷且自身的积累能力弱，资金使用权的取得就只能通过外部了。因此，利用金融的力量通过获取一定数量的金融资源和金融服务，与自身的生产能力结合起来，以此来提高收入能力，增加收入水平。

因而就必须提出、主张并致力于实现金融服务的普惠和均等。甚至能否实现金融服务的均等和普惠，还是判断一个国家和社会是否实现公共服务均等和普惠的重要的不可或缺的前提和指标。

实际上，依据笔者的观察和思考，当代社会，金融服务已经成为公共服务的一部分甚至是不可或缺的一部分。与医疗、卫生、养老、教育、学校、社保等公共服务一样，人们的日常生活中碰到的任何琐细小事，或是人生中的生老病死过程中所发生的重大事件，几乎都不能离开金融服务，无论是交学费、医疗费、水电费、电话费、房租，还有领工资、领国家各种转移支付等都要和金融打交道。

更不要说通过取得较好的金融服务，可以使居民增殖财富提高收入改善生活。可以说金融与公路、桥梁、港口、铁路、民航等基础设施一样，无时无刻都关系着人们的生产和生活的便利与可能。

如果说，公共服务均等化就是人人都能享受公共服务，享受的机会平等。公共服务均等化是公共财政的基本目标之一，是指政府要为社会公众提供基本的、在不同阶段具有不同标准的并且是大致均等的公共物品和公共服务。公共服务均等化有助于公平分配，实现公平和效率的统一。一般认为，实现公共服务均等化是现代政府追求的目标。从 19 世纪末期到 20 世纪 70 年代末期，西方发达国家为克服自由资本主义的弊端，强化政府对公共经济领域的垄断地位，推动公用事业等重要行业的国有化，建立和完善公共财政体制，基本实现了公共服务均等化或均质化。自 80 年代以来，为进一步提高公共服务水平，世界各国政府积极探索国有公共企业私有化、政府与私人企业合作制等改革举措。百余年来，各国为实现公共服务均等化积累了丰富的经验，为推动政治文明起了重要作用。亚洲地区现代化的进程起步时间不一，各国公共服务均等化程度差别较大。“二战”以后，先期实现体制变革和经济腾飞的国家，如日本、韩国、新加坡等借鉴欧美发达国家实现公共服务均等化的经验，通过在公共财政、基础教育、公共卫生、社会保障、公用事业等方面有效的制度安排，使公共服务均等化程度维持在相对较高的水平。

特别是当前一说到我国基本公共服务的非均等化问题比较突出，就会想到地区间、城乡之间、不同群体之间，在基础教育、公共医疗、社会保障等基本公共服务方面的差距逐步拉大，并已成为社会公平、公正的焦点问题之一，认为只有这些原因才是缩小城乡差距和贫富差距以及地区间不均衡发展的重要原因。

殊不知，金融服务的非均等化和特殊化也已经是造成城乡差距、贫富差距的重要原因。特别是在我国改革开放之后，在国家经济建设和社会发展取得巨大进步的同时，随着国家财力的提高，用于基础教育、公共卫生、社会保障、公用事业等方面的投入已经越来越多，当前已经初步形成了一个全面覆盖城乡的社会保障体系（尽管在广大农村还是一个低水平的覆盖，但已经是一个难能可贵的变化和进步了）。然而进步更多的是体现在对广大城乡的输血功能上，还没有上升到造血机能上。即如何通过一定的制度设计和金融支持，让广大城乡特别是低收入群体，由于有了良好的外部环境支持而增加了更多的创业冲动，通过自我努力，通过开展一系列的生产和经营活动，创造出更多的财富出来，使自身摆脱低收入状态，实现自我致富、自我发展。

2. 从发展的角度来看实行金融服务的普惠与均等

从发展的角度来看金融服务的普惠与均等，就是要在农村打造与城市一样的形式多样和功能完善的金融服务体系，既要打造使强者更强的商业性金融体系，又要构建使弱者变强的合作性金融、互助性金融体系，还要完善能有效防范各种市场失灵和市场风险的政策性金融体系。而且建立这样一种机构健全和功能完善的金融体系，也应当是现代公共服务体系中的重要组成部分。尤其是随着农业产业化、农村城镇化和农民市民化的发展，更是如此。

当前我国农村的金融服务体系呈现以下特征：一是在县城农村金融系统中，大多为银行业金融机构，而农村保险机构、证券类机构几乎处于空白状态。二是在银行业金融机构中，大多是商业性银行机构，互助性金融机构、合作性金融机构和政策性金融机构，或没有或严重不足或名存实亡，与之相对应的是，互助性金融业务、合作性金融业务和政策性金融业务也分别呈现缺失、不足和名实难符的状态。三是在商业性银行机构中，开展业务大多是传统的存贷款业务，而用于规避农产品生产风险和市场风险的期货、期权等现代金融产品和金融服务基本缺失。四是在传统的存贷业务中，更多的是发放在农业生产之外的，如农村水电、采矿甚至政府融资平台等，真正发放并且是用于农业生产的贷款数量不多且金额有限。

当前，随着人口大量外流，农业劳动投入锐减，而非农产业的进一步发展又离不开农业剩余（Total Agricultural Surplus & Average Agricultural Surplus）的供应。如果说，改革开放以来，农产品尤其是粮食产量的增加主要依靠的是农业技术进步，尤其是杂交水稻等技术的推广应用。随着非农产业的继续发展和城镇化水平的逐步提高，对农业剩余的需求还会越来越多。而农业技术进步的边际效率正在递减，这就要求农业生产方面，既要有制度层面的改进，还要有金融服务方面的跟进。

金融对农业产出增加的作用，如图 3－1 所示。

图 3－1 中，横轴 OA 代表农业劳动力，纵轴 OP 代表农业总产出，ORCX 代表农业总产出曲线，R 点的切线与 OX 平行，OR 曲线呈边际递增的特点，R 点之后的曲线呈边际递减的特点，过 C 点后劳动的边际生产率为零。也就是说，

DA 部分劳动力不生产任何产品，是过剩劳动力，改革开放后的八九十年代，农村劳动力转移就是这部分劳动力。

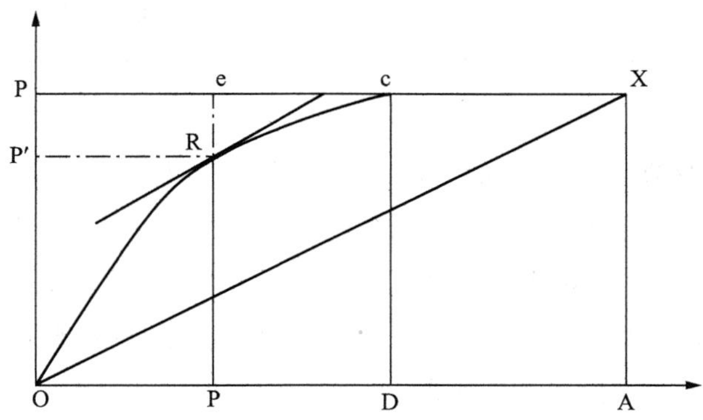

图 3－1　农业劳动力转移与农业生产效率关系

同时，PD 数量的劳动力只生产 Re 数量的农产品，显然，这部分劳动力的边际生产率低于全社会的平均生产率水平，可称为隐性失业也应转移出来，否则，这部分农业人口会绝对贫困化，并造成全社会劳动力的平均效率下降。笔者认为，21 世纪初开始，从农村转移出来的劳动力就属于这一部分。这部分劳动力转移后，农业总产出从 OP 下降为 OP′，由此造成农产品供应紧张和价格上涨。

为了克服这种现象，就要求在转移农村劳动力的时候，推进农业方面的改革，增加对农业生产的投入，以提高农业劳动生产率。具体如图 3－2 所示。

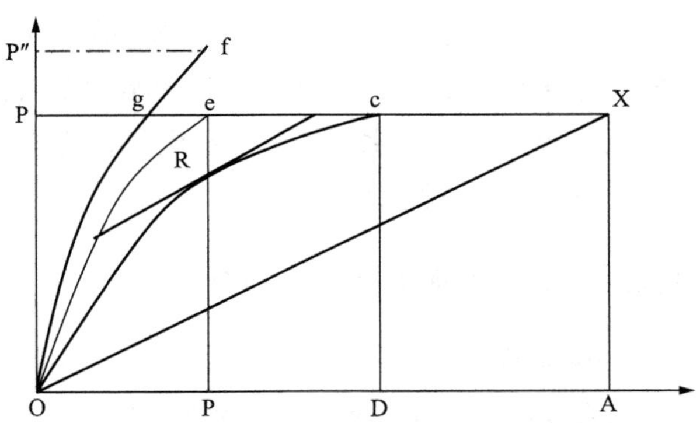

图 3－2　增加投入提高农业劳动力生产率进而提高农产品剩余

图3－2中，为了防止因将PD部分农业劳动力转移后出现的农产品产量下降，需要加强对农业的投入，使农业总产出曲线向上平行移动。随着杂交水稻技术和其他新技术的应用和推广，实现了农业总产出曲线由OCX向OeX的移动，其结果，PD部分农业劳动力被转移出来，但农业总产出水平依然保持在OP水平。

随着非农就业劳动力的增加和收入水平的提高，人们的消费水平和生活水平也就随之提高，餐桌上蛋禽奶肉的比重增加了，衣柜中纯棉真丝的衣服增加了，显然，现有的OP水平的农业总产出水平已经不足以满足人们对于农产品的更多、更高、更好的要求。如何提高农业总产出水平？现有的技术水平难以继续提高，有的技术效率已经到了边际递减阶段。

这个时候就需要提高农业生产规模，就需要适度集中耕地面积，稳妥推进土地流转，这也就是十八大以后，中央农业方面改革思路的精神之一。与此同时，土地一旦适度集中就需要加大对土地的物化投入，如机械、良种、肥料、灌溉、基础设施等，使农业总产出曲线由OeX继续向上移动到Ogf，这样，既可增加农业总产出，还可继续适度转移出部分农业劳动力，或者在原有劳动力水平上生产出OP″的农业总产出。

要使农业总产出曲线继续向上移动，显然离不开对农业生产的金融服务的改革和跟进。这种金融服务可分为：一是对农业生产本身的金融服务；二是对农业生产所要求的良好基础设施的金融服务；三是对农业生产结束后农产品上市交易的金融服务。围绕农业生产的产前、产中和产后以及农用基础设施等方面的金融服务，要求既要有商业化的金融服务，也要有政策性金融服务，还要有合作性和互助性金融服务。实际上这就是要求把对农村、农业和农民的普惠和均等的金融服务，提升到与现有的城市金融服务水平一样，在农村打造或构建一个机构健全、功能完善、全方位覆盖的金融服务体系。

（三）实现金融服务普惠与均等的对策建议

1. 要消除农村金融服务的盲区

要尽可能在全国所有乡镇一级设立金融机构或金融服务网点，消除农村金融服务的空白地带，使生活在农村地区的人口能够在本乡或本镇范围内享受到相应的且是亟须的金融服务。据2013年6月27日《国务院关于农村金融改革发展工

作情况的报告》，我国还有1696个乡镇没有任何金融机构，处于金融服务的真空和盲点①。而这些乡镇大多处于老少边穷的地方，交通不便、路途遥远、信息闭塞。越是这样的地方，越需要有金融机构提供相应的金融服务，并且通过各种金融产品引入相应的信息、技术，提升人们的观念，拓宽人们的视野。或者说越是老少边穷的地方越需要以金融为载体，激发那里的百姓通过发展经济来改变现状，通过经济发展促进社会发展和进步。可以说这也是实现习近平总书记提出的"精准扶贫"任务的重要手段。

2. 要增加农村金融服务的竞争性

还有不少乡镇，往往只有一家金融机构或金融网点，因为缺少竞争，金融服务薄弱、金融产品单一、金融理念落后。同时这些机构的职能往往更多地偏重吸收存款，在当地发放的贷款有限。在只有一家金融机构的乡镇，要逐步增加相应金融机构或网点，以加强农村金融的竞争性和农户在金融服务、金融产品方面的可得性。截至2012年末，全国农户贷款余额3.6万亿元，根据国家统计局网站数据，2011年全国乡村人口数量是65656万人，则人均获得的贷款数量是相当低的。严格地讲，这些金融机构或金融网点仅仅是在当地充当了资金的"抽水机"，这种现状亟须改变。

3. 要完善农村金融服务的基础设施

要加大对农村乡镇特别是广大乡村的信息高速公路的建设和投入，通过政府投入、社会资助和农民自身努力等途径，扩大网络对农村的覆盖，从而延伸不同性质、不同规模的金融机构的服务范围和服务半径，直到其能够完全覆盖到广大乡村。特别是鉴于电子技术在金融服务中发挥的作用越来越大的趋势，要在地域广大的农村地区大力推行无网点金融、移动金融，发展一个包含一系列支持性平台和服务网络的农村电子金融体系，同时在农村加强对农民特别是新一代年轻农民的网络金融知识的培训和普及，这样即使是偏远山区的农民，也能够通过网络对接上现代金融，获取所需要的存贷、理财、保险、证券、咨询等各种金融产品和金融服务。

4. 要培训并留住农村的金融人才

在乡镇一级、乡村一级甚至是村组一级，配备相应的金融干部，或者是具有

① http：//www. npc. gov. xinwen/2013－06/27/content_ 1798986. shtml.

一定金融知识和金融能力的工作人员，指导并引导农民学习金融、选择金融、利用金融来服务其生产和生活。在农村已有的基于血缘和地缘的认同与合作的基础上，挖掘并传承其中守信重诺等优良行为和习惯，同时，大力宣传和提升现代信用意识和金融观念，并使二者有机结合起来，进而形成良好的金融环境和金融生态。在此基础上，培育各种不同形式和不同性质的完全由农民参与并主导的小微金融机构，鼓励对农民提供的金融服务和金融产品创新与优化，开辟一条适合农村地域特色和农民自身需求的农村金融发展之路。

5. 要形成均衡城乡金融发展的机制

首先是要在广大农村培育真正意义上的合作性和互助性金融组织，以完善当前农村金融中，只有商业性金融，缺少政策性金融、合作性金融和互助性金融的现状。其次是要在农村组建扶持一批能适合农村情况的保险类和证券类金融机构，以补充现有农村金融中只有银行服务、缺少保险和证券等非银行金融服务的不足，特别是要在农村开办能平稳农产品生产和供应的各种期货类金融合约，以避免农产品的生产和供应“过山车”般的波动，保护作为生产者的农民和作为消费者的市民的利益。再次是要在金融体系内部建立一套“以城补乡”的制度，针对设立在县一级的金融机构特别是在乡镇设有网点的金融机构要规定一定的存贷比。最后是对于那些在乡村吸收的存款大量拆借或发放到乡村以外的地方的金融机构，要规定有一定比例的利润返回到存款所在地，以扶持或补贴当地的生产，促进当地经济和社会的发展，缩小与发达地区的差距。

第四章　农村金融在创新农村社会管理中作用发挥的基础

一、金融资本和人力资本的融合：农村金融人才的培养

（一）农村金融资本的基本情况

从笔者近年来的调查情况来看，农村金融情况，除了金融机构数量不足、现有网点功能单一、金融产品相对短缺、农村经济滞后外，农村里懂金融知识，能运用金融手段来搞农村建设和农业生产的人远远不够。当前农村经济建设和社会发展有两大难题：一是农村资金流失严重；二是农村劳动力流失严重。外流的劳动力正是文化程度高、创新创业观念强的年轻人，这些人对农村经济社会发展起着决定性的作用。

十几年来，农村资金和农村人才的流出，以及由此造成对农村经济和社会发展的负面影响十分严重。正如笔者在2010年发表的一篇文章中所说的，当前农村地区特别是贫困地区的资金和人才流失十分严重，其流失过程如图4－1所示[①]。

这些年来，随着外出打工的人越来越多，在外面汇回农村的打工收入也越来越多，这些资金，通过农村信用社或邮政储蓄银行，还有的通过自己或委托别人携带的方式，源源不断地流进农村，然后形成农村信用社和邮政储蓄银行的存款，

① 李似鸿：《金融需求、金融供给与乡村自治》，《管理世界》2010年第1期。

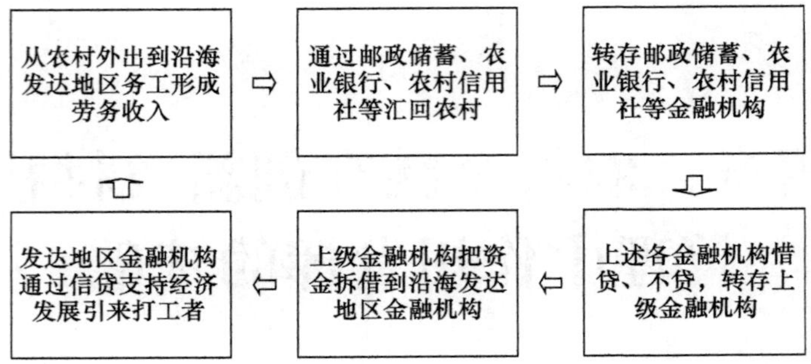

图 4－1　当前农村山区劳动力和资金流向

也有的存入了农业银行，还有一些就直接存入中国工商银行、中国银行、中国建设银行在县城的分支机构以及地方性金融机构。然而这些机构在农村吸收了海量存款后，并没有将这些存款就地转化成贷款，支持当地经济和社会的发展，大多数存款都被转存到各自的上级行，或者是通过拆借的形式，也有的是通过购买外地的票据、债券或其他信用工具的形式流出农村。农民辛苦打工挣来的劳务收入就这样快速地流出农村。农村的经济基础和社会发展仍然停滞在原有的水平。随着城市的快速发展，不少农村的经济建设和社会发展依然故我，特别是基础建设方面更加落后，有的地方甚至是相当破败。

（二）农村人力资本的基本情况

农村人力资本的情况，从前面的初步介绍来看也不容乐观。农村人力资本的现状大体如下。

1. 农村人力资本流失过多

改革开放后，数亿农村劳动力外出打工，从农村走出的这批人无论是从体力层面，还是从智力层面都是农村中最优秀的。这些人正当年轻力壮的时候出门，他们大多受过小学以上教育，有的还是初中、高中毕业，特别是近年来自农村的打工者有的还受过大学教育，纷纷离开生养他们的故乡，走上外出打工的道路。打工者来到城市和工厂，把最好的青春年华献给了打工所在地的经济增长和社会发展。留在农村的设施依然是落后与陈旧，留守在农村的人口依然是年迈和迟缓。一批又一批的年轻人出去了，留下来的只有老人和小孩。走的是主心骨，留

下的是空心化。由于劳动力外流严重，农村的经济、社会和文化日益停滞和萎缩。人们常说我国已经步入老龄化社会。其实改革开放后，随着农村大量青壮年劳动力外出，几乎在一夜之间，农村就进入了严重的老年化社会和严重的幼龄化社会叠加的空心化社会。由于青壮年劳动力的匮乏，农村不少公共设施，如水渠、道路、桥梁、河堰、堤坡等年久失修；由于青壮年劳动力的匮乏，农村里不少田地乏人耕种，不少传统农作物，业已绝种，即使是一年三熟的江南水田也已经退回到一年两熟或一年一熟了。传统的精耕细作已经让位于广种薄收了；由于青壮年劳动力的匮乏，农村中不少“大事情”，如红白喜事，婚嫁丧葬，庆典祭祀都已经只能是将就或凑合，传统文化正在消退。

2. 农村人力资本提升乏力

如果说，人力资本是指通过教育、培训、保健、劳动力迁移、就业信息等获得并凝结在劳动者身上的技能、学识、健康状况和文化水平的总和的话，那么，农村的教育、培训、保健等状况，与城市或其他非农村地区相比都处于落后的状态。劳动力迁移、就业选择方面，只能表现在打工地点的选择上，农民尚有些自我选择的权利。但这种自我选择，实际上要受到不少因素的限制。一是户籍制度的限制，农民到城市或城镇中打工是临时的流动，其户口很难落进打工所在地，与户口相关的家庭人口在就读、就业、就医等方面不能享受到打工所在地的正式居民所享受到的权益。二是农民外出打工，由于自身所受的教育有限，只能以简单劳动力的形式参与，打工的地点和打工的工种都会受到极大的制约。三是由于不能举家迁往打工地，不得不把老人和小孩留在老家，打工地点也不可能离家太远；否则，逢年过节还得长途奔波与家人团聚，费时费钱费力。总而言之，当前，由于上面种种情况，“凝结在劳动者身上的技能、学识、健康状况和文化水平的总和”不甚理想。由于人口流动所带来的人力资本的形成和提升，还没有达到应有的水平和高度。也就是说，在广大农村地区，人力资本的基本情况不容乐观。

3. 农村人力资本退化严重

无论是从数量上还是从质量上，农村人力资本正在消退，且难以为继。

首先，从数量上讲，持续的计划生育政策执行下来，农村人口出生率尽管远远高于城市，但还是处于不断下降的趋势。一般来讲，农村育龄夫妇大多以二胎为主，有生三胎的，也有不少只生一胎的。人口流动之后，特别是外出打工的夫妻，小孩生下来后的抚养和照看日益成为一大难题。自己带着，影响上班和打工，没有了收入，就在城市立不住脚。哪怕只是一个人在家带孩子，另一个人上班，在城市生活的三口之家，没有其他来源的话，仅靠一人的打工收入，只能谋生，很难过上稍稍体面的生活。放到老家由留守在村的老人带，往往只能是让小孩免于冻馁，隔代抚养存在不少问题且迟早都会发生。毕竟小孩的顺利成长来自父母的关爱、照管、看护和交流是不可缺少的。农村的教育状况，不管是幼儿园还是小学、中学都挺让人不放心。不管怎样说，现在外出打工的“80后”、“90后”，在生育观念和生育愿望上，与“60后”、“70后”相比变化较大。从笔者访问的情况看，生育观念上要优生优育，在生育愿望上要少生优生。农村幼儿园中，独生子女在不断增加。另外，由于畸高的男女性别比，农村里结不了婚的男性越来越多，这些人是没有子女的。

其次，农村新增加的人口中，人力资本的质量也正在下降。一是体质和体能在下降。“60后”、“70后”的农村居民，出生时家庭人口多，生活困难，大家都需要参加劳动，劳动强度大，挑水、打柴是必不可少的日常功课，农忙时还要干农活，农闲时要到附近的地方打零工挣钱贴补家用。这样经常劳动的结果，客观上也造就了农村少年较强健的体魄。而“80后”，特别是“90后”和2000年后出生的小孩，由于家庭人口少特别是小孩少，孩子变得金贵，大人舍不得叫小孩做农活，不少田地任其抛荒。同时，农村不少地区通电通网通气，不用挑水、打柴，体力活越来越少，特别是电子网络出现后，坐在电脑前的时间越来越多，小孩的体力体能下降很多。二是农村传统文化越来越难以传承下来，出现了断层现象，也在一定程度上对农村人力资源影响甚大。农村中的生老病死，婚嫁丧葬等，都有一套严格的程序和手续，既是对事件当中的人的尊重，也是对这等大事的敬畏，通过这些事件可以感化教育人，能在乡村治理中发挥积极作用。新中国成立后，对这些已有淡化。改革开放之后，因为劳动力外流严重，即使有“大事件”发生，也只能草草应付了事。不少传承了几千年的既能维持社会秩序又可起到教化作用的传统文化，逐渐式微，小孩成长中，来自传统文化的教育和影响已经日益减少。三是改革开放后特别是近年来，不仅是农村青壮年大量外出，就连农村里的教师、医生、公务员，稍稍优秀些的也越来越多地被抽调走，被吸纳进了县城或更大的城市，农村难以留住人才。即使留下来的也往往是“身在曹营心在汉”，大多把家安在县城，白天在农村上班，晚上和周末回县城，成为“走读干部”。这样农村的医疗、教育、文化、政府服务和行政管理等每况愈下。农村留守儿童的教育问题日益突出，这批人大多由爷爷奶奶带着，而爷爷奶奶又大多没有什么文化知识，在文化上教育不了小孩，在学习上提供不了辅导和帮助。失去了父母的教育与引导，无论是学习教育方面，还是健康成长方面存在诸多问题。不良风气趁机而入，农村问题小孩、问题少年越来越多，打架斗殴，K 粉吸毒现象逐渐严重……无疑这些对农村新一代人力资本都造成了严重的影响。

（三）金融资本和人力资本融合

前面已述，在农村地区，金融资本与人力资本的结合，还处于较薄弱的状态。如何消除这个薄弱环节？笔者前面说过，在金融教育方面，要注重家庭金融教育、学校金融教育、社会金融教育、机构（金融机构对客户或潜在客户的）金融教育等。那么，在具体的农村经济建设和社会发展中，又该如何做到金融资本和人力资本的融合呢？

1. 农村金融机构要熟悉乡村社会

设置在农村的金融机构和金融网点，在员工招聘、培训、考核的过程中，要适当增加一些与农村、农业和农民相关的知识，以加强金融机构的基层员工对农村的了解与认同，开展业务时能想农民之所想，急农民之所急。当前的情况是，设置在农村的金融机构，其网点设置大多位于各地的行政中心，农民居住分散，往来一次金融网点十分不易。同时，金融网点中的工作人员大多从外面招聘，或由上级分配，对当地经济和社会发展情况，既不熟悉，也难热心。不能对每一笔业务发生的人进行关注和关心、进行比较和分析，农村金融仅停留在柜头金融、账面金融，很难做到社会金融和人本金融。当前农村金融与当地经济、社会、文化、习俗等方面联系和对接不够，因而在开展业务时对当地的经济和社会，关联、参与和融合也还不够，无疑影响了农村金融作用的发挥和功能的完善。

2. 农村金融政策要进社区进农户

农村金融机构要定期组织金融知识进社区、进乡村、进农户的活动，宣传国家金融政策，介绍金融业务，在广大农户间形成各种金融共识，提高农民的金融意识和金融能力，唤醒农民潜在的金融需求，对农村经济和社会的发展起到更大的作用。当前有不少非法金融活动在农村越来越活跃，金融诈骗案件也有从城市向农村蔓延的趋势。在这种情况下，要求农村正式金融机构守土有责，多下基层，走村串户，与更多的农民交流互动，传播金融常识，普及金融知识，宣传金融政策，防范金融风险和金融诈骗，同时密切农民与正式金融机构的联系。这样既有利于扩大正式金融机构在农村中的影响和作用，也有利于广大农民利用正式金融机构的产品和服务，广开致富门路，提高当地经济和社会的发展水平。

涉农金融机构还要创新思维，设计或量身定制一些知识模块，到农村的中小学定期或不定期开展宣传和讲解，在农村中小学生中开展基础性的金融知识学习，培养健康的金融观念，同时树立各个金融网点的良好形象，提高社会对金融的关注度。这也是金融机构和网点在争取未来客户必须要做的工作。毕竟现在的学生就是将来的客户。农村各级金融机构还可以在农村中小学、农村各社区等地方联合相关单位或部门，举办一些公益性的活动，借以普及推广一些金融知识，扩大并提升金融的影响力。

3. 农村金融业务要深入田间地头

既然农村金融机构姓农涉农，在开展业务时就要走村串户，到农户中间，到田间地头去，在开展金融业务的同时还要介绍相应的金融政策、金融产品，一边开展金融业务，另一边普及金融知识，提高农民的金融素养和金融能力。金融机构既要在网点通过展板、墙报、宣讲等形式给农户介绍各种金融知识，也要在田间地头通过面对面、点对点的形式进行相应的金融知识的介绍和讲解，使农户通过“在游泳中学会游泳”的方式来了解熟悉金融知识，提高金融技能。通过调查分析之后，设计并推出一些有针对性的金融产品服务来满足农民不断增加的金融需求。当前的情况是，农村金融网点及其员工的业务大多局限于柜头内，忙于办理前来存款取款的各种“被动”的金融业务，很难主动走出去，把金融活动开展于农业生产和生活现场中。还不能通过每一笔金融业务去关心关注农村经济和社会的发展变化，不能借此参与农村经济和社会的管理。

4. 农村金融机构要开展金融培训

涉农金融机构和金融网点，每年甚至是每月都要开办一些金融培训。培训对象，先从基层村组长开始，加强对农村基层干部金融培训，普及并提高这部分人的金融知识和金融意识；然后是对那些已经开办了各种业务的客户的金融培训，对种植业大户、养殖业大户和加工业大户，以加深他们对金融政策和金融手段的了解和运用；再后来是那些对金融产品和金融服务有兴趣、有需求的各种潜在的或未来的客户，对他们进行金融培训，使之接受更充分、更有效的金融教育。同

时，可以利用农村中正在出现和日益增多的各种经济组织和合作社团，举办一些金融方面的讲座，针对各种社员或会员普及金融知识，提高金融能力，通过密切农村金融机构与农村经济和社会组织之间的联系，来实现二者间的互动和双赢。同时还可以把一些琐细复杂的金融前期或后期工作，如信贷业务中的贷前调查、贷后检查等的工作，分派或委托给有合作关系的各种农村经济和社会组织，既有利于提高金融工作的效率，也有利于降低金融工作中的“固定成本”。

（四）金融需求与金融供给的对接

农村金融难，就在于农村金融供给与农村金融需求对接难。农村金融供给一方——农村金融机构在农村吸收了巨量的存款，尽管转存和拆借了相当一部分到上级行和外地金融机构，但仍有一部分资金，无论是从国家政策指导的角度，还是金融机构自身需要在当地进一步生存和发展的角度，都希望把这一部分资金发放到农村去。如何把这些存款转换成贷款发放到农村中去，一直都是困扰着各家涉农金融机构的大事。在农村里挖掘并培养更多的资金运用能力和还贷款能力都强的贷款对象，提高贷款发放的规模和质量，从而推动农村经济和社会更好地发展，也是农村金融机构将要面对或正在面对的并且要认真解决好的大事。

当前各家涉农金融机构对广大农村发放的贷款不多，并不是说农村没有金融需求，导致贷款发放不出去。而是从金融机构自己的角度讲，是没有合意的贷款发放对象；从农户的角度讲，有着强烈的贷款需求但得不到金融机构的认可。剃头挑子一头热。随着精壮劳动力的外出，留村的劳动力需要耕种的田地面积越来越大，而这些留村人员大多不再年轻，单凭个人的体力是不能胜任的，需要有一定数量的机械、肥料、农药、良种等投入，需要一大笔资金。也就是说，农业生产方式已由原来的活劳动投入为主，转向由物化劳动投入为主，因而对信贷资金的需求会越来越多、越来越强烈。

但是，农村中还缺少这么一批人，一是能顺利地与各种涉农金融机构打交道，并能按需求取得信贷资金；二是在取得资金之后，能进行有效的安排，把资金合理地投入到农业生产的各个环节中去。在农业生产领域如此，在其他领域如手工业、加工业、服务业等也是如此。总之，在农村金融需求层面、农村金融供给层面紧要问题都是缺少这样一批人，能把一笔笔资金投入到有效的产业中去，并产生效益，既能顺利地偿还银行贷款，又能实现一定的利润。缺少懂金融经济的人已经严重地制约着农村金融的发展。这也是本书调研中，那么多乡镇存在着低存贷比的原因。

从农村金融供应的角度来讲，金融机构的从业人员都高高在上地端坐于营业大厅，等着客户把钱存进来，再等着客户把钱贷出去。客人来申请贷款时，审查的内容往往是客户的贷款手续全不全、贷款用在什么项目上、项目符不符合国家政策和政府规定、担保或抵押的情况怎样……至于这个客户的人品、道德、能力、文化程度、人脉资源、关系协调能力、在当地的口碑好坏、社会地位的高低、家庭情况如何、家庭人口结构、夫妻和睦与否、子女情况、邻里关系等，就很少过问，也懒得关心。目前贷款的审查重点是项目本身，而不是经营这个项目的人。

在改革开放前甚至是改革开放后相当一段时间内，农村经济发展水平和农民收入水平较低，农村社会财富积累较少，资金一度成为农村经济和社会发展中稀缺宝贵的资源。因而谁掌握了资金，谁就掌握了主动权。面对众多的需求者，资金的供应方可以高高在上，可以静坐于机构内和网点中守株待兔，以不变应万变，慢慢吞吞地从踏破门槛的资金需求者中挑选出自己合意的借款对象。资金的供应方很少花精力从事看似与贷款不相关的借款人的道德、品格、观念、人脉、口碑、家庭、行为、习惯等方面的调查和了解。显然作为资金的垄断者和经营者的农村金融机构，就要转变经营观念，扩大业务范围，变单纯地提供信贷资金到提供相应的信息、技术、咨询等服务。金融机构的工作人员要从办公室里走出来，通过下乡、进村、入户等把金融知识、金融技能和金融理念传播开来。

进入21世纪的农民，不仅仅要了解并掌握农业生产技术，还要了解掌握许多其他的知识和技能，这些离不开金融的介入和引领。各种涉农金融机构在设计、开办金融产品和金融业务时，要把相应的信息和观念融入产品和业务中，使得通过产品的推介和业务的开展时，农民能得到较多的启示和思考，这样既提高了金融素养，又提升了观念。农民在从事生产和生活时，就能够举一反三，触类旁通，从而达到事半功倍的效果。

这样外出打工者所挣取的劳务收入汇回后，就不会全部成为银行存款，不会被转存或拆借出去，留守农民就会知道如何用钱、怎样投资、可以用钱赚钱。这样就会有一部分资金在当地就被转化成投资，可以有效地促进当地经济和社会的发展。当地政府在提供公共服务时，要大力形成公平、公正和公开的经济和社会

环境，保护好农民的生产积极性和创造性，保护好农民的劳动所得和其他合法权益。这样那些已经外出打工的年轻一代农民，也可能会重新考虑其个人的发展路径，更加注意家乡的发展机会，或选择回乡创业和发展，开办各种经济实体，利用家乡良好的气候条件从事各种种植业、养殖业和加工业。这样也会在广大农村释放出更大的更有效的金融需求。

当前不少农村，经济发展不尽如人意，社会事业还很落后。表面上看，是因为年轻力壮的人纷纷外出打工，是缺少人。实质上，是缺少把人留下的条件和环境。其中重要的一环就是金融条件和金融环境，如金融机构少、金融服务人员少、金融产品单一、金融服务落后甚至缺失。如果这种情况长期存在，即使农村那些年轻力壮的劳动力不走，不到外面打工发展，留在农村，由于缺少良好的金融服务和合意的金融产品也很难创业，即使创业也难成功。最终这些人还会选择离开农村。随着农村青壮年劳动力的大量外出，农村的金融需求也就减少和萎缩，这样又进一步抑制了农村金融的供给。而农村金融供给不足又会进一步把农村的金融需求驱赶出去。

化解这一困境的对策关键在人。资金固然是农村中较稀缺的资源，但更稀缺的是能够使用这些资金并且能带来合理回报的人，能把金融资本和人力资本有机融合在一起的金融人才。

（五）创造以人为本的金融环境

如何创造以人为本的金融环境？这就要涉及农村金融的经营理念和业务思想的转变。前面说过，当前农村金融机构在开展业务时注重的往往是项目，即借款人所经营项目的好坏，项目能否得到当地政府的支持，特别是领导对项目的兴趣和关心，围绕该项目的担保和抵押有没有落实，提供担保或抵押的人和物是否足够强大等。至于经营这个项目的人，其品质、水平、号召力、领导力，克服困难的能力等则关注得很少。这恰恰是当今农村金融经营和实践中的一块短板甚至是缺环。

与其说金融机构经营的是资金，还不如说金融机构经营的是能够有效、安全地使用这些资金的人。金融机构如何经营使用这些资金的人呢？就要求各家金融机构要善于发现、培养、强大那些能够有效使用、安全使用、持续使用资金的人。如果说那些能够有效、安全、持续使用资金的人，正是从事生产经营活动的企业家，那么，银行家就是经营这些企业家的企业家。我们常说，银行家是特殊的企业家，说其特殊，是因为银行家，即经营金融机构的人，金融机构的经营者和管理者，其经营对象表面上是资金，实质上是经营资金的人，把这些资金与实体经济有效结合从而创造更多社会财富的人。所以说，银行家是特殊的企业家，是经营企业家的企业家。

银行家要经营企业家，首先要发现企业家。这就要求农村各种金融机构在业务的开展和经营中不仅以资金为导向，而且还要以人为导向，即农村金融在实践中的首要目标是发现、培养那些善待资金、有效运用资金、把资金全心全意并实实在在地投入到各种实体经济中去的人。银行家要专注于发现那些具有企业家潜质的人，并大力培养、扶持、帮助其做强做大。这就要求各种涉农金融机构在业务工作中多深入农村实践，多到田间地头，多到农户中间，通过走访、交谈、沟通等了解并掌握农村中哪些人是有经营管理能力的，即具有企业家精神。然后再在资金、信息、技术等方面提供相应的咨询和帮助，助其走上生产经营之路，并最终成为真正的企业家，致富一方，造福一方。

二、金融资本和社会资本的融合：农村新型组织的培育

（一）经济发展和社会进步需要社会组织

改革开放后，经济增长的成绩巨大，但社会发展情况则不容乐观。尤其是社会组织发育不够，甚至曾一度阻止社会组织的自我组织和自我发展，缺少社会组织对日常生活和生产活动的参与和管理。社会的自我治理和自我稳定功能不足，一旦遭遇事情就只能坐等着政府出面。到今天，整个社会尤其是农村社会已经形成对政府的过度依赖，而政府，也已经习惯了对大小事务的大包大揽。凡是政府出面的事情，再大再难办的事情都变得好办了，凡是政府没有出面的，再小再容易办的事情往往都办不了或没有人去办。抗洪抢险、抗震救灾如此，火灾、山洪、台风、冻灾也是如此，交通意外、临时突发事件更是如此都在“等、要、靠”政府出面，事无巨细都要动用国家机器的力量。民间组织，民间力量则很少

看到，即使有一些，作用也不大。

究其原因，一是新中国成立后，家族、宗族、宗教等几乎被消解得一干二净；二是工会、农会、基金会、合作社、互助组、联合会、行业协会存续有限或名存实亡，尤其是这些民间力量在组织居民、动员力量、促进社会自我管理自我发展方面，很少也很难有实质性的表示和活动。尽管改革开放后，家族、宗教的形式和力量有所恢复，但人口却在快速流动，流动规模大、流动范围广，这些又部分抵消了家庭和宗族的力量。而工会、农会、基金会、合作社、互助组、联合会、行业协会等社会性组织，其对农户的组织、动员作用特别是帮助生产、增加收入、促进联合、加强互动，尤其是在其他利益集团和政府决策部门前争取对自己有利的政策和措施方面还没有起到相应的作用，有的甚至还处于集体无意识的状态。更不要说有的地方干脆就没有社会组织。

这就使得各级政府，无论是大事小事、难事易事、繁事简事都要事必躬亲，政府被陷进无休无止、无尽无穷的繁杂事务中去，成为日常事务和各种突发事件的救火队和抢险班，且所有的事情都不能有半点差池，政府部门和政府工作人员几乎是事事小心、处处谨慎，一不小心，就会引发更大的事情，酿成群体事件，一天到晚都被“维稳”所困所累。这样政府部门的正常工作、公共服务的日常供给受到了极大的干扰和影响，那些具有前瞻性和全局性的规划和布局往往无暇顾及。这就必然影响政府工作的连续性和权威性。

如何让政府摆脱这种救火队和抢险班的角色，让政府回归到有限政府、公共政府、预见政府、超然政府的状态，即政府日常工作的重点就是提供公共服务、促进社会公平、保持生态平衡，为居民和企业提供安全、公正、有序的生活和生产环境。就要求政府要充分培育社会力量，通过社会的自组织、自作用和自净化，来促使经济和社会的良好运行。今后相当长一段时期，如何组织、动员并发挥社会力量，让其在社会运转和发展中，起到组织、调动、推进的作用将是政府和社会的共同目标和任务。这样即使有什么突发性事件，健全的社会组织和完善的社会力量就可在其中起到平衡、稳定、调和、缓冲甚至是化解的作用。只有这样，当前这种政府事必躬亲，百姓袖手旁观的状况就会得到极大的改变。

（二）构建政府和民间都能接受的社会组织

现在适逢我国经济发展的快速期，要恢复和构建一系列的社会组织，培育民间力量，无论是经济增长还是政局稳定，都要让社会力量发挥其应有的作用。创新社会管理，首先就得有相应的管理主体，即要有完善有序覆盖全面的社会组织体系。

社会组织体系可以分为两个层面：一是精神层面的组织体系。这些社会组织，是为了解决精神层面的需求、满足心灵慰藉方面的需要、满足人生的安全感和归属感。这方面在传统社会往往依赖宗教、宗族等方面。改革开放后，随着经济发展，在不少农村地区出现了一股修家谱、修宗祠的热潮。无疑家族对于百姓有一定的甚至是较强的凝聚力，人们在一些事务和情感上开始回归家族，通过族人的交流、沟通、协商、互动来解决一些具体事务，特别是通过节庆活动、祭祀仪式来心灵净化、精神慰藉和文化认同。

家族和宗祠，原本是以凝聚人心和组织力量为目的，以经济手段为工具和纽带。1949 年前，不少宗祠特别是大姓的宗祠有一定面积的田地和物业，能形成较好的收入，用来扶危济困、奖教助学，也有用来修桥补路、修筑堤堰。1949 年后的宗祠很少有物业和田产了，几乎丧失了经济的功能，但所进行的一些家族活动还是能发挥人员相亲、财物相助、以有补无、以勤补拙、以丰补歉的作用，具有合作互助性质，同样能加强家族的凝聚力和向心力，有利于家族内部矛盾的化解并和谐相处。但是家族的这种组织动员功能只作用于家族内部，其着手解决的事情也只是与家族成员相关的。而在广大农村地区，总有一些独立于大家族的别姓人家，这些人是进入不了那些大姓或主姓的家族活动的，就会势单力薄、孤掌难鸣，有时还会遭受排斥和压制。

这时候，宗教和信仰就可能弥补家族方面的不足。如果说家族是本姓人的聚合和联动，那宗教就是具有相同信仰和共同追求的人的联合，不分姓氏和性别，也没有年龄和财富上的区分，只要有共同的信仰和追求，即可走到一起，进行聚会和活动。同一宗教内部，教友间相互支持合作，既有精神上的相互支撑和鼓励，也有财物上的相互支持和救助，还有劳务上的相互帮助和扶持。在农忙时，教友会相互支持，按照庄稼成熟进度的不同，安排收割和采摘，合理配置劳动力。平时农闲时，大家有事情也会相互帮助和相互支持。同时，每个星期总有固定的时间在一起礼拜和交流。

二是物质层面的组织体系，满足生产和生活、生存和发展方面需要的，诸如工会、农会、基金会、合作社、互助组、联合会、行业协会。改革开放后特别是

近10年来在农村地区有所发展，在一些经济较好的地区发展还较快。这些组织大多挂靠在形成一定生产规模和产品数量的产业上，如茶叶生产合作社、生猪饲养合作社、果品生产和销售联合会、货运合作社、客运联盟等。在江西的广大农村已有不少鲜明地域特色的组织，如赣南果业、赣北棉花、赣中蜜桔、赣东和赣西茶叶等生产、加工和销售组织，另外，还在生猪、牛羊、渔业等生产和销售方面也形成了不少合作互助组织。

据统计，截至2012年一季度末，全国共有依法登记的合作社55.23万家，实有入社成员4300万人（户），农民专业合作社已经成为中国农村地区包含个体工商户、私营企业、各类股份责任公司在内的第四大市场主体，其中种植业合作社占44.8%，畜牧业合作社占30%①。到2013年底，江西省共有农民合作社2.5万家，带动农户280万户，覆盖农户率达31%，土地流转总面积65万亩，占家庭承包面积的20.5%②。

这些组织的形成和发展，还存在着一些问题和困难：一是由上面牵头，带有较浓的行政色彩，动力不够；二是在资金、技术方面的需求上处于弱势，很难使生产方面的需要及时得到满足；三是在政府和利益集团面前的话语权方面，如争取有利于自己的政策和措施以及其他利益方面十分有限。今后，这些组织的建设，如何做到村民自发、由下往上，同时在资金、技术、市场等相应的政策和措施跟进等将是相应组织产生、发展并壮大的前提。

（三）发挥好金融资本在社会组织中的作用

中国传统社会中，各种民间组织形态实际上是融合了金融的因素在里面的。比如，隋文帝开皇五年（公元585年），在隋朝不少地方就设立了义仓，在收获时劝农民出粟麦，储于仓中，用于荒年“赈给”。唐太宗贞观二年（公元628年）在各州县设立义仓，每亩土地按其产量收粮2升，甚至无田商人也要出粮，按商人家底和财力分为九等，分别出粟，从5斗到5石不等，特别困难的农户和少数民族不征，所收粮食就储于义仓，荒年时用于赈民或贷给种子，于秋天收获

① 刘颖娴：《当前中国农民专业合作社的困境与发展方向》，《中国农村经济》2013年第3期。

② 郭远明、郭强：《江西推进农业现代化发展纪实》，《江西晨报》2014年1月5日。

后归还①。宋朝通过储粮来组织、动员和赈贷的情况就更多了，储粮的机构有军储、太仓、常平仓、籴便司、省仓等，有些是官营的，也有一些是官府指导民间经营的，前者如王安石变法中的青苗法，其中即以常平仓和广惠仓的存粮和存钱为信贷资金，一年放贷两次，正月三十和五月三十以前，分别随夏秋税归还。后者如南宋的社仓，往往设立于乡间，由“乡人士君子”主持，嘉定15年（公元1222年），真德秀以湖南安抚使知潭州（今长沙一带），在12县置社仓100所②。

历史上，遍布于农村中的不少机构，比如“仓”、“宗祠”、“寺庙”等，很难将之定义于社会组织或金融组织，或者说，中国历史上散布于广大乡村中的组织，往往就是把社会组织功能和金融服务功能糅合在一起的。“仓”、“宗祠”、“寺庙”等形式的组织把百姓组织起来团聚在自己的周边，平常时间在生产和生活方面相互支持，遇有资金紧张造成生产不便或生活难以为继时，立即提供支持和帮助，或发放信贷提供资金，或发放粮食供应实物，以保障生活，稳定生产，维护治安，促进乡村经济社会平稳发展。

然而在近代社会特别是新中国成立后，一是各种传统形式的组织和机构日益减少甚至一度消亡；二是政府主导下组建或成立的组织或机构，政治意义大于实用功能。行政色彩太浓，政府过度干预，运行过程中时时要看政府的指令，事事要靠政府扶助，处处要体现政府意志。组织之间分工太专太细，把生产、消费、信用等完全分裂开来，生产组织只涉及生产，消费组织只是负责消费，信用组织只涉及信用，相互间既没有人员的交流，更没有信息上的互动，没有发挥其应有作用。目前，除了信用组织，如农村信用合作社，因为掌握着农村经济发展的命脉，还继续存在，但已经近似于政府的机关，且只有信用而没有了合作。至于那些由政府组织的不少生产和消费类组织，大多名存实亡。

农村各种组织能不能具备或赋予一些资金融通的功能？或已有的一些基层金融组织能不能参与一定的社会管理？

穆罕默德·尤努斯创立的乡村银行（GB），与其说是一个金融组织，还不如说就是一个社会组织。其乡村银行创立前，即1976年，尤努斯在走访乔布拉村一些最贫困的家庭，发现只需要5塔卡（22美分）买根竹子即可赚到一天所需的生活费用，但贫民拿不出这点钱，不得不求助于高利贷，并忍受其每周甚至是

①② 叶世昌、潘连贵：《中国古近代金融史》，复旦大学出版社，2004年。

每天10%的利息。该村有42个人因为缺少总额为856塔卡（不到27美元）而不得不遭受贫困之苦①。正是有了这种遭遇和认识，后来他创办了专门为穷人提供信贷和资金支持的乡村银行。

这些为农村新型组织的构建和培育提供了启示，也为农村已有的各种组织的健康和持续发展提供了思路。经过改革开放后30多年的恢复和发展，农村不少地区特别是在一些已经形成了一定特色和规模的种植、养殖和加工业发展的地方，建立了不少为生产、加工和销售服务的组织。从笔者的调查情况来看，这些组织的建立和运转由于缺少金融功能，不能为组织内的种植户、养殖户和加工运输户提供必要的资金融通和金融服务功能。

无论是在农业生产、农资购置，还是在农产品收购、加工、运输和销售中形成的各种组织，只要是本着有利于组织本身发展和组织内成员福祉，应该逐步赋予其一定的金融功能。一是内源式金融功能，即可以面向组织内成员吸收资金，用于生产、加工、运输和销售中对资金的需要，特别是用于组织内部农户对资金的临时需求，其经营和运转可参照合作式和互助式金融机构的规律运作，并可代表组织对外开展必要的金融往来。二是外源式金融功能，即通过组织这个信用共同体，统一对外融通资金，再安排给农户使用，且在统一的授信额度内循环使用，成员间互为担保，各种金融机构只须与各种组织打交道，不再与具体的农户一一打交道，在既定的额度内的资金分配和使用、信用的维护和稳定均由组织来完成，这样既可大大降低金融机构因与不同农户一一打交道所发生的固定成本，又可提高农户在贷款申请和资金使用方面的可得性。三是参与式金融功能，即农村和农业的各种组织在成立的时候就与当地金融机构建立密切联系，如相互参股、相互代理、信息互通、资源共享等。也就是说，各种组织对金融机构，在存款组织、授信调查和贷款发放与使用方面特别是在担保、监督和清收上负有一定的责任和义务，而金融机构对组织在资金使用、额度满足、产品销售和物资采购中的结算和汇兑等方面，提供必要的支持和帮助。

金融资本在农村各种社会组织中发挥作用，就是要让金融在组织和农户之间发挥桥梁和纽带的作用，利用金融作为桥梁和纽带的作用来加强并加深各种农村组织和广大农户之间的联系和合作。因而在构建和打造各种农村经济和社会组织

① 尤努斯，吴士宏译：《穷人的银行家》，生活·读书·新知三联书店，2006年。

时，要注意引入一定的金融功能。但是这种金融功能只能用于组织内成员的生产和生活，只能服务于组织内成员基本的金融需求，如遇有突发事件时的救济和帮扶、从事生产时因购买种子、肥料等农资的临时垫款、产品销售过程中的结算及各种赊销货款的清收等。这种金融服务功能只限于组织成员，严禁向组织外提供。也就是说，凡是农村各级组织，除了具有促进生产和生活方面更加方便更加稳定的作用外，最好还应具有一定的资金合作或互助的功能。其资金来源主要还是成员加入该组织时缴纳的会费和股金和未分配利润等。

三、社会资本和人力资本的融合：农村精神家园的打造

（一）到底需要一个怎样的精神家园

社会资本、人力资本和金融资本，实质上都是人和人相处到了一定程度后的关系沉淀和思想积累，是人和人相处的润滑剂和稳定剂。

改革开放后的农村，精神层面的东西有所下降。长期以来，在经济建设中，人们把亚当·斯密《国富论》及其“看不见的手”奉为圭臬，极力强调人的经济性与利己性，而没有注意到亚当·斯密在《道德情操论》中对人的社会性和利他性方面的论述。改革开放后，过于强调“不管是白猫黑猫只要捉到老鼠就是好猫”，只要结果不问过程。在发展经济的同时对传统文化中优秀的部分，保持和发扬不够。特别是经过文化大革命后，人们的信仰一度迷失，很少有人再去强调崇高、道德、人文、公民责任和社会担当。

这些，反映到农村，就是一切向钱看，只要结果，不问过程；只要能来钱，什么都可以做，就无所顾忌。近 20 年来，在广大农村来钱最快也是最不计后果的行为，莫过于卖大树、卖老宅、卖古物。

城镇建设和城市化使得全国各地的城镇都在大兴土木，大搞建设，大拆大建。建造新城的过程中，楼房等各式建筑均可在较短的时间迅速发展起来，唯独参天大树是短时间内难以成长起来的，只能高价收购移栽。这就使得不少树贩子穿梭于广大农村中。位置偏远且经济落后的山区只要见到中意的大树，或明标价

码购买，或买通内线强挖，或趁人不备盗采。由于青壮年都远在外面，村里只留下老人和小孩，树贩子一旦踩好点，看中了有些年头的古树，趁着小孩上学、老人外出的时机，挖掘机、起重机、运输车同时出动，用不了多久，即把在本土乡村生长了几百年甚至近千年的大树给盗走了，去赚取高额利润，待小孩放学或老人串门回来后，只能对着村前屋后留下来的巨大土坑发呆。

还有就是屋贩子，与树贩子不同的是，屋贩子一旦看中哪座古宅，是不能强拆、盗拆的，得和人谈好价钱。一旦谈好了价钱，几十吨重的货车于某个清晨即开来了，还带来了一队人马。这些人拆料、打包、装车，往往要不了多久一栋原本矗立在乡村几百年甚至是上千年的老屋就消失了。剩下的只是被遗弃的残砖烂瓦，还有其他一些用不着的物品。俗话说，富不过三代，更何况经历了近代社会翻天覆地的变化，不少饱经岁月的老屋。老屋子的子孙要么不肖，生计无着，急着等钱用；要么已经建新房，或在外买了商品房，老屋因无人居住且年久失修，正日益破败，正好有人看中了，还能换些钱用，干脆一卖了之。

古物是最早被卖的。改革开放之初，就有一些“先知先觉”的人跑到农村去，收购那些农村本地人都认为是破铜烂铁的东西。先是各种金银铜铁等铸造的货币，然后是铜镜、铜剑、铜盆、铜碗、铜钟、铜帐钩，再后来是各种老首饰、老瓷器、老建筑构件等。地面上的老东西卖得差不多了，就开始盯着地底下的东西，挖古墓、抢死人的东西。只要是古墓都被人惦记，一不小心就被人盗了。古墓中最多的就是瓷器，也有陶器，还有一些玉器和金器等。这些玩意儿原本在地底下几百年上千年都好好的，不知什么时候，一夜之间就不见了，被人卖到外地，有的都出国了。

表面上，这些年从乡村流失的是一座座老宅、一棵棵大树、一件件古物。实质上，流失的是乡村几千年间形成的文化和寄托，是几千年农耕文明中农业里面的文化，是乡村之所以成为乡村的精神内核。缺少了大树、老屋、古物的乡村是很难承载、舒缓甚至是化解人们的乡愁。这些年，农村经济是有所发展，人们手上也有了钱，但是乡村的精神和文化正在消退，乡村里的年轻一代的情感依托和精神寄托日益困顿。这也正是人们到乡村，不管是靠近繁华都市的郊区，还是远离热闹市声的僻壤，见到的总是三五成群地围坐在一起打牌、赌博的人。乡村经济发展了，但社会发展却并没有同步跟进。人们的生活特别是年轻一代农民的生活日益空洞化。

值得思考的是，人们急着去卖祖宗留下来的那点家当，或者是三五成群围坐在一起打牌赌博，至少在表面上都是一样的，都是为了一个钱字，都是在寻求一份收入，挣到一笔资金。实质上，都是融通资金的行为，只是手段有所不同。有的是把大自然对乡村千百年间的馈赠，如几百年甚至是几千年才长成的大树给卖了；有的是把历代老祖宗所积攒留存下来的老业给卖了，如老宅子和古物件；有的是凭运气靠机巧甚至是靠奸猾来赢钱，如利用推牌九打麻将进行赌博等，这都是一种融资行为，进行的都是金钱的游戏。

为什么不利用人的劳动和智力，利用乡村社会中的资源和环境，来赚取一份上符法理下合人情的收入呢？这正是困扰笔者多年，也是笔者致力于调查访谈的内容。从笔者调查的情况来看，一是不能，二是不为。

所谓不能，一是当前农村，随着精壮劳动力的大量外出，留守下来的大多是老弱妇幼。年轻力壮的人一走，农村里不少的活动均难以进行，不少活动都处于停滞状态。二是农村中原本传承了几千年的不少风俗习惯，如生老病死中的各种仪式和礼节、重大传统活动中的祭祀，由于在家的人少且没有合适的人来操持也陷于停顿状态，年轻力壮的农村劳动力大量外流带走的不仅是青春与活力，还伴随着文化和习俗的消退。农村的社会形态也因此而发生变化，传统的社会资本在不断地流失和消退，而新的组织和动员力量又没有递补上来。

所谓不为，就是在当前农村，即使有些年轻人留了下来，但这些人的心事既不在农业上，也不在其他生产、加工和经营上。不客气地说，这些人越是年轻的越是文不能武不会。所谓文不能，因为这批人，年少时不愿意在学校好好学习文化，学校没有少去，文化没有多学。小学或初中毕业就在家里，出去打过工，但太累，赚钱少，干脆就出了厂，回到家里，干农活太苦，干点其他有些技术含量的活又不会。所谓武不会，年轻人大多是独生子弟，小时娇生惯养，没有参加过劳动和锻炼，身体素质差，稍稍粗重些的力气活一般都做不动。而当前农村特别是偏远贫困些的农村地区，所有的农活恰恰又是费力的重活。所以，这批新一代的农民对农村中的活计大多“水土不服”，少时家里不要求他们做，大了自己也不想做。

但是，这些人抽烟喝酒赌博样样都会、样样都来。问题就由此产生，钱从何来？其结果就把目光投向老屋、古树和老玩意儿，即便不是自家的，只要从中牵线搭桥，即可分得一分。一旦手上有了钱，复又沉迷于赌博场所。尽管这些人在

乡村留下来的人当中，只是极少数，但他们对乡村淳朴的民风所造成的破坏作用相当巨大。

另外，经济快速发展，各地都在一味图快图新地发展经济，往往是只问结果不讲过程，为了结果而不在乎过程，使得社会风气中总有那么一种“千好万好发展经济就好”，“千好万好有钱就好”，为了钱可以无所顾忌，“笑贫不笑娼”，这些风气也不可避免地传入并腐蚀着乡村的精神和文化。

今后相当长的一段时间，乡村经济和社会的发展要注重精神层面的回归和建设。所谓回归，就是传统文化中有些比较好的东西，还应得到相应的尊重并有所发扬，如长幼有序，尊老爱幼，注重家庭团聚，讲究礼仪孝和，父慈子孝，睦邻亲宗，敬重知识，崇尚学习，等等。所谓建设，就是农村的精神和文化既要保持传统中优秀部分，又要吸收外面世界那些新鲜活泼健康向上的内容，尤其是能提高生产效率的新技术、新设备，能改善方便人们生活的好习惯、新观念。同时，要保护好乡村的生态和环境特别是要搞好农业生产，注重食品安全，搞好环境卫生等。实现环境生态好，生产生活好，讲礼守法好。

（二）如何找寻和打造农村精神家园

这是一个十分有意义的话题，也是一个有必要思考的话题。在讨论这个话题前，可以先回顾和总结一下在建设农村方面提出来的方针和政策。

2006 年十六届五中全会将“三农”问题提升到中国现代化的重大历史任务的战略高度，并为社会主义新农村建设提出了“生产发展、生活宽裕、乡风文明、村容整洁、管理民主”的 20 字建设方针。

世界银行《2008 年世界银行发展报告：以农业促进发展》主要是以农业对经济的增长作用，以及农村人口在整个人口中的规模等指标为基础将国家划分为传统农业国、转型中国家和城市化国家，针对前两类国家，提出了三个问题：一是对于发展，农业能够做什么？二是以农业促发展的有效措施；三是如何贯彻以农业促发展的议程。

对于第一个问题，该报告认为农业作为一项经济活动，是国民经济增长的源泉；作为一种谋生手段，约 86% 的农村人口以农业谋生；作为环境功能的提供者，对环境影响甚大。对于第二个问题，该报告提出的政策建议是提高农民资产可获得性；提高小农耕作的生产效率和可持续性；超越农业——活力四射的农村经济和参与功能。对于第三个问题，该报告提出了政策目标和治理改革两方面内容，前者包括提高参与市场的便利性，建立有效的价值链；提高小农的竞争力，促进市场进入；改善糊口农业的生计，改善农村低技能职业；增加农业和农村非农经济就业，提高技能。后者包括国家、私人部门和民间社会角色转变；改进农业政策制定过程，让农民参与政策制定；改革治理，更有效地执行政策；将农业、农村和农民问题的权力下放，促进地方治理；倡导社区主导型发展；改革农业援助方式；加强全球农业治理等①。

显然，中国作为一个人口众多、地域多样、面积广大的发展中国家，就目前农村经济和社会的发展情况来看，实际上兼具了传统农业国、转型中国家的特征，还是正在向城市化国家迈进的国家，对于发展农村和农业能做的，除了世界银行所说的种种，即农业作为一种经济活动、谋生手段、环境功能的提供者之外，还有一项世界银行没有提及的重要功能，即农村社会和农业生产，还可以为人们提供更多精神和文化上的内容，人们身处农村，从事农业生产，密切人与自然、人与环境的关系，做到生活轻松、节奏舒缓和精神愉悦，一方面，通过劳作获取人与自然交流合作的产品来满足人的生活之需，另一方面，也可从中得到精神的满足和身心的放松，即农村和农业，对人类社会来讲，具有精神家园和情感归宿的功能，是人们寻求灵魂慰藉的所在。

2011 年 2 月 19 日，胡锦涛在省部级主要领导干部社会管理及其创新专题研讨班开班仪式上发表重要讲话强调，要进一步加强和完善基层社会管理和服务体系，把人力、财力、物力更多投到基层，努力夯实基层组织、壮大基层力量、整合基层资源、强化基础工作，强化城乡社区自治和服务功能，健全新型社区管理和服务体制②。3 月 5 日，温家宝在十一届全国人大四次会议上作政府工作报告时指出，要加强和创新社会管理，要以城乡社区为载体，以居民需求为导向，整合人口、就业、社保、民政、卫生、文化等社会管理职能和服务资源，实现政府行政管理与基层群众自治有效衔接和良性互动③。

中共十八大以后，习近平多次谈到要搞好农村建设，保护好农村青山绿水，发

① 世界银行著，胡光宇、赵冰译：《以农业促发展——2008 年世界发展报告》，清华大学出版社，2008 年。

② http：//news. sina. com. cn/o/2011 - 02 - 20/022521982027. shtml.

③ http：//www. gov. cn/2011lh/content_ 1825233. shtml.

展好农村的精神文化，要让农村留得住乡愁。显然这就是把农村打造成为一个宜居宜业、自我发展、良性循环、有序推进、文明生活的指导思想和行动大纲。其核心是通过生产发展来促进农民生活水平的提高，在此基础上提升农村精神文化，促进农村民主管理，从而打造精神满足、物质丰富、生产有序和生活轻松的农村。

生产发展，首先是农业生产的发展。在发展农业生产中，尤其要注意并处理好现代农业和传统农业的关系。几千年以来，农业生产过程，既是生产培育农产品用以满足人们的口腹之欲并提供物质能量的过程，也是创造繁衍文化习俗用以充实人们思想精神并满足人们心灵需求的过程。从传统的农耕文化中产生了诸多祭祀、节庆等方面的内容，人们一边通过劳作消耗着体能和精力，另一边又在劳作中纯净心灵、充实精神、坚守信仰。随着时间的推移和经济的发展，广大农村地域正在经历着由传统农业向现代农业的转变。在现代农业下，物质与精神、产品与文化、生产与休闲似乎是完全不相干的两种存在，不像传统农业那样完美地融合在一起。如果说现代农业是我国经济和社会发展过程中不可绕过的一环，那么，今后在大力发展现代农业的同时，如何把文化与精神方面融合到生产的每一个环节中去将会是一件越来越重要，也越来越需要迫切解决的问题。

现在不少农村地区正在发生着多种形式的“断层”。一是传统农耕文化与现代农业技术之间出现了断层，随着老一代农民逐步离世，传统农业的耕作观念、生产技术、对土地的情感与投入也随之而去。新一代农民对老一代的观念和技术，既不愿意也觉得没有必要去了解、掌握和传承，而对现代农业所要掌握的各种生产技术，如化肥的配比与合理使用，根据土地特性使用相应的技术、种子、肥料和管理等，由于缺少必要的知识和文化往往又掌握不了。二是农村里的文化出现了断层，传统农业中重大节日中的各种安排和仪式，特别是人们在生老病死等重大事件中的庆典、祷告、占卜、祭祀等仪式和说辞，家族聚会和祭祀等活动越来越少了。三是代表或铭记了一代代人的心灵历程和情感记忆的文化符号和图腾象征也在日益消失。如前所述，老屋、老树、老井也在退出历史的舞台。而这些则正是构成或承载着农村文化和精神的所在。

事实上，现代农业由于大规模使用机械和农药替代人力，使用化肥替代农家肥，使用杂交种子替代自留种子，使得现代农业生产的大部分农产品在营养和口感方面，与传统农业生产出来的农产品相比相去甚远。在大力发展现代农业的过程，如何有效保留传统农业生产中那些合理的技术和方法，使得在农业生产过程中，机械与人力结合，化肥与农家肥互补，从而做到效率与效果兼顾，产量与品质并重，把世世代代留下来的对农村和农业的那种家的味道和感觉保持下去，使得农村不仅仅是提供农产品的地方，还是人们祭祖寻根、探访文明、发掘精神、寻找灵感、舒缓乡愁的去处。

精神家园，显然是建立并超然于物质家园之上的。除了生产发展和现代农业外，还包括农村教育、医疗、卫生、文化、交通、通信等方面的均等供给。农村教育应侧重社会人文和公民素质方面，同时应融合农村已有的历史与背景，以及农业生产和生活中应具备的基本知识和素养。大学在招生录取中，对农村的生源除了基础性知识外，还应考虑农村各地实际情况，注重生源的个性和特色。农村教育要克服当前千篇一律和照本宣科的只有共性缺少个性的形式，要融进农村的山水、人情、历史和文化。国家要加重对农村教育的投入，突出特色和个性，使农村教育在整体上保持与全国水平特别是与城市水平一致的同时，还有自身的重点和特色。除教育外，还要加强对农村基础设施建设的重视和投入，保证在农村一定的空间范围和人口密度下，有相应的医院、学校、图书馆、金融网点、卫生防疫等服务机构。特别要加强农村卫生方面的投入与建设，保证村村都有清洁的饮用水、垃圾清运和无害化处理，路面硬化，还有自来水、热水器、电网、电话、电信等进村入户，村民不需要走太远的距离，即能到达或找到为农业生产和农村生活服务的网点。

如果生活在农村，除了能生产提供一定数量的农副产品外，也能享有生活在城市一样的便利，加上农村良好的生态环境、新鲜的农副产品、亲切熟悉的人文环境，那么生活在农村的人，就可以实现在物质层面和精神层面同时自洽。这样农村就真正成为人们休息身体和放松精神的后花园，通过休闲旅游、放松身心、亲近自然等一系列活动和行为来缓释现代都市带给人们的紧张和疲惫。恢复建立农村和农耕作为产生文化、纯净心灵、舒缓精神的所在。通过每一口古井、每一棵古树、每一个古村、每一条古道，让人们放下身子，静下心来，和先贤对话，与自然交流，进行精神和心灵的洗礼。想想古井边浣洗的人，是如何由少女变成母亲和祖母；想想古树下小孩如何在一个个老人讲述的故事下长大成人，成为父亲和祖父；想想古村里一代代人的生老病死和悲欢离合，成为故事和传说；想想古道上的商贾旅人，乃至文人骚客，是如何在经历风雨之后留下一批批物质和精神方面的财富，成为文化和历史。

如果生活在农村与生活在城市一样，老有所养，幼有所学，病有所医，贫有所帮，鳏寡孤独有所救助，真正做到“生产发展、生活宽裕、乡风文明、村容整洁、管理民主”，人们不仅亲近自然，而且融入自然，成为自然的有机组成部分，农村也就自然成了人们的精神家园。

（三）金融在打造精神家园中的作用

金融天然具有组织和动员的作用，表面上是组织和动员农村里的闲散资金，把人们手上暂时闲置的货币集中起来，贷放给有想法能赚钱的人；实际上，金融通过配置资金来调动农村资源，使农村资源得到合理、充分、有效的使用，做到人尽其才，物尽其用。具体来讲，金融要在打造精神家园的过程中发挥好作用，要注意以下事项。

1. 要有合理的资金价格

要让资金的价格保持合理水平，既不能太低，也不能太高。太低了，会拉开资金的使用者和资金的提供者，即农村少数精英和一般大众之间的贫富差距。特别是正式金融机构在农村吸收存款时利息太低，一是会打击存款人的积极性，降低存款人的收益；二是会给农村非法集资和以其他形式在农村高息揽储提供了可能。资金的价格太高了，特别是对借款者来讲，如果资金定价接近其从事生产和经营的收入，则会打击资金使用者的积极性，使得人们都愿提供资金给别人使用而不愿意自己创业生产，哪怕是那些有能力、有技术从事生产和经营的也会弃实体经济而去，转而玩起资金的击鼓传花式的游戏，不利于农村经济和社会的稳定发展。

2. 要有公平的资金使用

资金的使用应由少数精英的专利变成大多数百姓的权利。金融资本本身是逐利的，如果人们是处于贫困之中或者是生活在温饱线上，是很难获得金融资本的青睐。依据阿玛蒂亚·逊的逻辑，金融也是一种权利，即穷人也有通过使用金融资源和金融服务来摆脱贫困取得收入走向富裕的权利。但是，单个农户特别是贫困农户，是难以获得金融资源和金融服务的。穷人怎样才能享受到相应的金融服务呢？只有大家组织起来，组成一个个团体或组织，如合作社、协会或其他形式的联合，抱团发展，形成合力，通过各种生产或经营组织来与金融机构打交道，争取相应的金融资源与金融服务。而作为不同的涉农金融机构，也往往更愿意和由多数人联合起来的团体打交道。弱势群体参与金融的途径就是大家组织起来，形成一定范围和数量的生产者的联合。这就要求结合各地的生产和资源等实际情况，组成一个个农民组织、农民协会等，来获取金融的扶持与帮助，同时也获取其他方面的支持和合作。

3. 要有良好的金融环境

其实，农村资金并不短缺。从前面的调研情况来看，设立在农村的金融机构或金融网点吸收了数量不少的存款，但这些存款却难以在当地形成贷款，大部分存款都被转存和拆借到外面。这些在农村设立分支机构的金融机构，在省一级分行或联合社都设有一个资金营运中心，经营着数量庞大的资金，用于拆借、投资或购买各种证券等。而这些资金大多就是从下面的分支机构特别是农村基层的网点转存上来的。也就是说，现在大多在农村设有网点的金融机构都在有意或无意地扮演着“抽水机”的角色。

为什么在农村吸收的存款不能在当地形成贷款呢？这和当前广大农村的实际情况有关。一是农村劳动力特别是青壮年劳动力基本上都离开了农村，到城市或沿海地区等经济发达地方，留下来的人老弱妇幼占绝大多数。这些人在农村只能是消费者，几乎没有生产能力，最多也只能是从事一些相对简单的劳动，不需要投入较多的资金与技术，因而也就不需要银行贷款。二是改革开放后，国家采取的是优先发展城市的战略，在农村的各种投入尤其是用于农村生产的基础性投入都远远不够甚至是在萎缩，如农村里不少水库、河堤、交通、道路、桥梁等大多年久失修，在农村偏远地区，农业生产方面的基础设施既匮乏又破败。三是农村生产性的服务供给严重不足，如农业技术、植保、防疫，各种有用信息不易得等。其结果就造成了在农村地区的投资时间长、风险大、回报低，这样人们也就不愿意在农村特别是偏远农村进行投资生产了。四是农村里的精神和文化生活贫乏，特别是适合青年人的热闹与活动少，年轻人一旦外出，看到了城市的繁华与方便，就不愿意到农村生产和生活了。五是教育和医疗卫生等方面较落后，一些稍稍有些能力的人出门打拼后，往往选择落户城市，以方便子女的教育和自己的医疗。六是农村里的各种观念相对要保守封闭，尤其是当只剩下老人和小孩时，这也阻碍了不少生产和融资活动的展开。七是农村土地所有权方面的改革还须有更多、更灵活的变通和措施，联产承包制度的实施解除了大集体大一统的生产模式，释放了农民从事农业生产的积极性和创造性，但也使得对土地的生产和经营碎化，不利于对土地的规模使用和统一开发，同时也限制了规模资金的投入，反过来也影响了农村金融的发展。

原因虽多，但最重要的原因就是农村里年轻力壮的劳动力大量外流，留下来的人安于现状、不思进取，这样就大大萎缩了农村的金融需求，特别是用于生产经营方面的有效金融需求。

4. 要有均等的公共服务

在全国到处在讲城镇化的时候，尤其要仔细考虑农村的地位和发展问题。城镇化首先是人的城镇化，这是毫无疑问的。有才能、有年龄优势的人，或者家里有条件让小孩到城里接受较好教育的人一般都会选择城镇化。在城镇化的浪潮过后留下来的往往是年龄、知识和能力方面都不占优势的人群，如何让这些人在农村里更有尊严地生活下来，国家的财政支持和转移支付是必不可少的。

农村是一个生产并提供农产品的地方，要有优质、稳定的农产品供应，还是需要有一大批高素质的懂生产善经营的年轻人留在农村，留得下、留得住并留得好就要求有相应的基础性投入。这种基础性投入，一是生产方面的，包括为各种生产提供服务的部门；二是生活方面的，包括让人生活得体面、安全的公共物品和公共服务的投入。

国家对农村的投入要与对农村各种组织的建设与扶持结合起来。农村中的人口，尽管居住分散、作息自由，但也要借鉴城市的做法形成一个个社区。今后农村发展的重要方向之一，就是改变当前过于星散和分散的状况，适当地当然也是自愿地联合起来，哪怕是松散的联合。同时，在政治上把农民的选举权和被选举权落实好，强化农户在各种生产和管理当中的参与权、议事权和讨价还价的权利。如果说在城镇化过程中的农民纷纷迁出农村是在用脚投票的结果，那么留守下来的农民如何留得下、留得好、留得踏实和稳定，就要让这些人有用手投票的权利来表达自己意愿与诉求。

今后农村的发展应该是由目前主要是人与人之间的关系，转变为人与组织之间的关系；农村金融在农村中的活动也要由当前的金融机构与人的关系转变为金融机构与各种农村组织之间的关系。

第五章　农村金融在创新农村社会管理中作用发挥的路径

一、以组织促分工，通过多样化组织，自主式管理，强化农户合作精神

（一）多样化组织

1. 为什么要在农村建立“多样化组织”

还得从农村当前的实际情况特别是那些位置偏远的地方说起。农村的实际情况如何，以笔者所调查了解的情况来看，大概有下面这些。

（1）农村的生产情况。农村青壮年劳动力大量外出之后，耕地大面积抛荒，甚至已有1000多年耕种历史的良田也荒了，留村老人至多只是在房前屋后种蔬菜，有的蔬菜也不种，菜园都荒废了，不再有人去“晨兴理荒秽，戴月荷锄归”[①]。不少乡村纯粹就成了老人晒太阳、小孩上学堂的地方。农民也已经实现了由“农产品的生产者”向“居住在农产品生产地的但不再生产农产品的农产品的消费者”的转变，因而，“很多的乡村地区将是食品的消费地区而不是食品的生产地区”[②]。村民要吃的粮食和蔬菜大多要从集镇甚至县城买回来。从县城到乡镇的公交车上装载的大多是从县城买回去的大米和蔬菜，载着瓜果蔬菜粮食的面包车、摩托车，每天一大早就开始穿行在乡村的公路上，扩音器里“卖米、

① 陶渊明《归园田居》之三。

② H. 孟德拉斯，李培林译：《农民的终结》，社会科学文献出版社，2010年。

卖菜、卖水果”的叫卖声，一天到晚都回荡在各个村落的上空。

当前的农村尤其是山区农村，本来就是劳动的机会成本很低的地方，很少有家庭养猪了。人们平时吃肉大多要从外地调生猪宰杀，否则就经常吃不上肉，真的要过上“食无肉”的生活了。农民不养猪的原因很简单，如前所述，不少农村粮食蔬菜短缺，家人吃的都要上市场买，也就没有猪吃的了，养猪成本高，赔钱太多。再是劳动力大量外出，留下老幼，连自己都照顾不过来，没有工夫照顾牲畜。

劳动力外出后，打工收入源源不断汇回来，用来供养留守在家乡的老人和小孩。因而农村里不少人家特别是有人在外面务工的，日常生活方面“不差钱”。由于自己没有能力和精力去从事耕种和养殖，不少农副产品都需要从市场上购买，生活日益充满寄生性。养猪的农户少了，一旦偶有农户宰杀自己家养的生猪，即有所谓的土猪肉卖，周边农户会一窝蜂似地围过来，几乎是把宰杀好的生猪哄抢一空。笔者几次到山区调研，看到不少地方刚刚宰杀的生猪还在开膛破肚就被急不可耐的村民，你斫一刀我卸一块，顷刻间就被一抢而光。

不少农村市场上宰杀的生猪，大多从规模化的养殖场调运进来，由于吃饲料，饲养的时间短，猪肉的味道远不如本地家养的。尽管价格要比本地的土猪肉便宜不少，人们还是不喜欢吃外来的猪肉。当地村民不愿意养猪，村民吃猪肉虽然不难，但吃到放心合口味的猪肉却不容易。类似的情况，其他的农副产品也一样。人们常说，城市里出现了优质农产品的供给不足和短缺，其实在不少农村甚至山区农村，优质农产品的供应和需求同样存在缺口，且短缺的程度一点儿都不比城市轻。毕竟城市可以从全国甚至是全世界范围内调度，而农村特别是山区，缺口一旦形成就几乎是刚性的。在这方面，如何组织并动员一定的力量来开展农村养殖业，以平衡和保证农村本身的生活需求是一件不容迟缓的事情。

（2）农村的生活情况。当前农村，老人的医疗和养老问题、小孩的照管和教育问题、农业生产的继续和发展问题等都是亟待解决的问题。改革开放之后，青壮年劳动力大量外出，由于各种原因，无力把老人和小孩带在身边，大多都被留置在农村家乡。不仅仅是原有的老人和小孩留在农村，第一批打工者在城市奋斗了几十年后，也到了退休养老的年龄，这些人大多回到乡村养老。同时，他们的子女在乡村长大后，步父母亲的后尘，也到城市和经济发达的地区打工，并在打工地恋爱、结婚、生子，其子女也大多交给乡村的爷爷奶奶喂养和照看。可以说，现在的农村特别是山区和偏远地区的农村，已经成为城市免费的养老院和幼儿园。这些人虽然生活在农村，但往往没有多少能力和精力从事农业生产，平时生活所需，多数要依靠市场来解决，而所需费用则由外出打工的子女（或父母）寄钱回来解决。也就是说，当前不少农村，商品粮食和商品蔬菜的需求量在迅速增加。

同时，受自然规律的影响，年龄一大，身体状况就会每况愈下，老年人对于医疗和卫生方面的需越来越旺盛和紧迫。如何在农村加强针对老人的医疗卫生方面的服务工作，也变得刻不容缓。加上农村人口居住分散，对于上了年纪的老人，需要伙伴聊天，需要走动交流，用以满足情感上的慰藉。那么，在这些农村地区，如何建立一些相对松散但又组织有序的养老机构也显得日益迫切。

留守在农村的小孩，大多由爷爷奶奶看管，隔代带养，也会带来不少问题，同样也迫切需要解决，特别是留守儿童在情感、教育、沟通等方面的需求，单纯依靠留守老人的力量显然是远远不够的，老人也大多力不从心。更何况由于父母不在身边，家庭原本就不全，存在不少缺环。针对这些问题，如何设计并构建相应的组织和机构来解决也显得刻不容缓。

（3）农村的文化情况。通过几千年的积淀和传承，乡村的文化和精神方面原本是自给自足的，也是自给的。特别是关于人的生老病死，是关乎人生，关乎人的入世和出世的大事，已经形成了一套既定的安抚与处置、继承和发扬的程式和办法。这些在前面也有所交代。如人的一生，在出生时要禀告天地和祖宗，祈求并感谢上天对生命的赏识与厚爱，感谢祖宗的关照与眷顾。具体的行为，出生时要放鞭炮以告之天地，要吃面条祈寿，要分发喜蛋给亲友和四邻，要做“三朝”、“满月”、“百日”、“周岁”等，除了把亲友请来还有一系列仪式，以示对生命的尊重与敬畏。以后在发蒙、开馆、升学、结婚等大事上，一样有相应的仪式和典礼，既有庆祝的意思，也有教育和开化的意味。在生命进入深秋，如满花甲之后要做寿，全家围坐在一起吃长寿面等。走完一生，死后的送别仪式尤为热闹与隆重，要请来僧侣，唱祭，打轿，做道场，在哀而伤的唱祭中，通过回顾人一生的种种历程来感谢上苍、赞颂大地、缅怀先祖、团结宗族、启发生者、慰抚死者、告诫后人等。

在一年四时中，要经历春种、夏耘、秋收、冬藏，每个节点都会有相应的节庆和仪式。既要祷告天地，又要祭祀先祖，特别是在丰收之后，吃上第一餐新米

饭之前要举行隆重的仪式来感谢天地和宗祖的照顾与赏赐。每年春节，既是人们寻求欢乐的节日，还是祭祀天地、缅怀祖先的重要时刻。全家人有时是全村人甚至是全族人集中于祖堂上，在领头人的带领下，一齐唱着“穆穆我祖、来格来尝”，仪式庄重，神情肃穆，从心底里感谢天地和祖先的保佑与荫庇，让大家又度过了一个丰收平安之年，并希望来年一如既往，人寿年丰。

新中国成立后特别是改革开放之后，农村的传统日益淡薄，但也不时加入些新鲜的内容，如先进科技和现代文化纷纷下乡进村。但是，近年来随着人们大量外出特别是青壮年的大量外出，农村里不仅仅是传统的活动已经难觅芳踪，就是现代的一些东西也已经难得一见了。从我们的走访和调查来看，农村里正在经历着年龄的断层、物质和精神的断层、传统与现代的断层等。

可以说，当前农村特别是山区和位置偏远的地方，正面临着如何再一次组织动员农村力量，从事农村中的种植、养殖和加工等生产活动；同时，面对农村留守的大量老人和小孩，如何组织力量照看老人、教育小孩等方面也迫切需要妥善地解决；在文化、精神方面，需要有什么样的组织和服务才能让大家在生产之余能生活得更充实、愉快，也迫切需要提上议事日程。

而当今的组织动员，要避免改革开放之前出现的那种情况，要让村民充分了解自己的各种需求以及不同组织的性质和功能，参加组织后能发挥什么作用并能分享到怎样的服务，从而满足自己哪些方面的需求等。在大家相互了解、信任、自愿、民主、协商、包容的前提下，来进行对农村现有各种力量的组织和动员。

2. 在农村建立起哪些多样化组织

当前农村，需要建设的组织大体有：一是生产性组织；二是服务性组织；三是文化性组织。

（1）生产性组织。还是应当以合作性的生产性组织为主体。原因有：一是合作性组织是建立在人联合的基础上的，组织内不分贵贱贫富，一人一票，对事情的参与和权利的主张都本着平等协商的精神，很适合当前农村大量精壮劳动力外出后，留下的大多是老幼妇孺的实际情况，让大家遇事时能心气平和地商量解决。当然不足的地方是，协商起来费工夫，效率难以提高。就要发挥农村中那些见识宽、胆识足的牵头人的作用，同时还要发挥政府的指导和规范作用。

生产性的组织，主要产生于种植、养殖和加工等方面。生产的规模和组织的大小要根据不同地方的不同情况相机而为。在农村山区或位置偏远地方，土地面积不大且不易连片，留守劳动力数量有限。因而组织规模不宜过大，要引导和鼓励农户开展一些有机、生态的农产品的种植和养殖。针对质量好、安全高的食品做好生产与消费之间的对接。特别是在流通环节，无论是民间还是政府、组织还是社会要投入更多的关注和支持，既要保证农户生产的优质产品能够做到优价销售，又要让消费者能够消费到质量上乘、价格公道、安全放心的农产品。

（2）服务性组织。要服务于农村社会，方便农民生活，尤其要重视对农村鳏寡孤独者的抚养，针对当前农村留守老人较多的特点，要加大对农村社会性养老机构的建设与投入，政府在这方面要更多关注与大力扶持，同时，还需要农民自发行动和积极参与。当前农村针对生产服务的各种组织也相当短缺，需要在农产品的生产与流通、生产与消费、生产资料采购与农户终端使用、手工劳动与机械操作、传统品种保护与现代技术推广方面建立相应的服务性组织并提供全方位的服务。

不少品质上乘的农产品，由于信息不畅，联系不上或沟通不力等方面的原因，特别是生产的农户与消费的市民之间缺少表达和对话的平台，农民即使生产出了优质农副产品，也往往是“养在深闺人难识”、“酒香也怕巷子深”，难以及时被消费者了解并接纳，造成滞销和损失。而城市消费者却苦于买不到好的农产品，面对各种蔬菜无从下手，在超市或农贸市场很难买到称心合意的农产品。显然，如何在农业生产与城市消费之间做好对接工作，搭建好作为农产品生产者的农民与农产品消费者的市民之间的交流平台还有极大的发展空间。

（3）文化性组织。文化和精神方面的组织，尤其是当前农村社会的一块短板。如前所述，传统文化日渐式微，而现代文明则又一时难以跟上。当今之际，一方面，对那些能够传承优良习俗方面的节庆仪式应该力所能及地予以保护；另一方面，要把传统与现代结合起来，通过年轻人喜闻乐见的形式予以发扬光大。

如前所述，农村原有的文化性组织或文化活动是丰富多样且斑斓多彩的。传统社会中，文化来源于农业生产活动。在本书调研的主要样本所在地的赣、鄂、湘交界处，农民在从事农业生产活动时，无论是春种夏耘秋收冬藏等活动都有相应的仪式和程序。比如，春夏之交农民上山挖地时会请乡村艺人打鼓唱歌，名曰“催工鼓”，歌词明快，唱腔悠远，可舒缓劳作之苦；秋冬收藏时举行祭祀仪式，祭拜天地以感激上苍赐予风调雨顺的丰收年成，还会请来乡村剧团，唱上几出大戏，通过戏文来回顾历史并展望未来。这些活动和仪式能让人深切地体会到劳动的艰辛与收获的不易。特别是在祭祖活动中，由村里或族里长者领着全村老少一齐吟唱“水有源，树有根，穆穆我祖，来格来尝……”的祭祖歌时，让人全身沉浸于追念与感恩的情怀中。每逢收获之后或逢年过节间，请来乡村剧团表演的那几天简直就是乡亲们精神上的饕餮盛宴。

即便是在20世纪80年代，农村还建有文化活动室，给村民提供琴棋书画的活动场所。有的地方还有图书室，有夜校，订有报纸和杂志，使村民有学习讨论交流的平台。村与村之间还有卫生评比活动，相互之间进行卫生检查等。只是到了近20年，上述活动已经成了明日黄花，杳如黄鹤。

国家正在实行新农村建设，除了在物质层面外，在精神和文化层面也应恢复或重新构建一些组织形式，使村民在劳作之余有个好的休闲场所。在村庄内部或村庄之间设立图书资料室，开办农民夜校或文化站，有选择性地恢复一些优秀的传统文化活动。正如习近平总书记所说，应让人记得住乡愁。

（二）自主式管理

自主式管理，就是在农村各种组织的形成、建设、维护、发展、拆分、联合等诸多事务中，要尊重农民的创新精神和主动精神。要把原本就属于农民的权利还给农民，要充分保障农民权利的落实，减少行政不必要的干扰甚至侵犯。要相信“农民是自己能够管理好属于农民自己的事务”的。

尽管农民散居于广大的农村地域，但仍然是一个个独立的经济人，其思考和行动具有经济人的理性与自觉。与其他的微观经济主体一样，农民也是能够实现自身经济利益最大化的，在碰到机会并做出选择时也会比较、权衡，通过举一反三之后能够做出有利于自身利益最大化的判断和行动。

即使有时候，农民做出来的判断及由此产生的行动不符合利益最大化原则，那一定是环境、条件和激励等方面发生了变化。这个时候，政府不需要硬性规定或强制执行，用政府行为来取代农民自主选择。而是政府去改变、优化、调整相应的环境，提供必要的条件，采取一定的激励措施去影响农民的选择，而不是帮农民选择，更不是强行替代农民选择，更不要说做那些“逼农民致富”的事情了。

不是说政府对农村的事务可以完全放任不管，而是有些事情可以不管，任由农民发挥其自主性和积极性；而有些事情只需要政府创造条件或进行引导，对农民行为形成激励。政府在农村的各种事务中，应该是有所不为有所为。新中国成立后的60多年来，在改革开放前的近30年，我们走的是一条政府对农村大小事情无所不管的政策，实际上又管不好。在改革开放后的30多年，政府在农村的组织和管理工作往往是从政府自身的利益出发，而不是着眼于农民的利益诉求，其结果就是对政府有利的事情管得多，对政府无利的事情管得太少，有些政府必须要做的事情往往不做或少做，政府总处于缺位的状态。有不少的事情要政府投入，如农村里的基础设施，满足农村生产生活方面的公共产品和公共服务，由于政府投入不足处于严重供给不足的状态。

自主式管理具体可分为对生产性事务的管理、对各种组织和社团的发起与建设和农村金融在其中应起到的作用。

1. 对生产性事务的管理

农村中生产性事务很多。如生产什么，怎样生产，以一种什么样的组织来生产，生产中应该投入什么要素且以哪些要素为主；生产的产品该如何销售，到什么地方销售，在什么时候销售，以一种什么样的方式销售；生产的初级农副产品要不要加工，怎样加工，是粗浅加工还是精深加工，是自己加工还是联合加工或委托加工；生产的产品是以种植业为主还是以养殖业为主，是以粮食作物为主还是以经济作物为主，是以主粮为主还是以粗粮为主；等等。这些事务，政府不应干涉农民的具体投资选择和生产行为，但是可以在信息发布、政策引导、服务提供、措施优惠等方面有所作为，从而使农民的选择更理性、投资更准确，做到经济效益和社会效益都能兼顾、生产者和消费者都能满意。

农业生产是自然风险和市场风险叠加的过程，完全由农民自主选择和自我管理，有利于农民认识风险和规避风险，必要时还须承担风险，这样会使农民的选择越来越理性，越来越科学。政府的作用在于，一旦各种风险超越了农民的认识范围和承受程度，就要事先及时提供信息告之各种风险，同时，对于突发性的自然风险和市场风险，除了开办各种农业保险业务外，政府还应制定相应的政策和措施来减轻或转移上述风险。总而言之，农民通过生产劳动来为社会提供各种农副产品并取得相应的收入，而政府则利用不同的政策和措施来引导农民生产行为，从而保障农副产品的供应平稳，丰富多样。

2. 对各种组织和社团的发起与建设

这方面的建设应由农民自发自愿，在农民自发自愿的基础上展开。在农村，经历了几十年的去民间组织、去民间社会的运动后，农村组织和社会的恢复与发展会经历从观望、创建、小范围活动再到大规模发展与推进的过程。除了违反国家法律法规的都应任其自由发展。不管是生产性组织还是生活性组织均可由农民根据自身的需要自发自主地创立产生。

由于青壮劳动力大多外出打工，留守的多是年龄偏大和精力不济的，无论是生产还是生活，如果只是依靠单个力量或者只有一家一户的力量都会遇到难以克服的困难和问题。大量人口外出，留守人口的人均耕地面积在不断扩大，如果把所有的耕地都精心耕种出来就需要协作和分工，需要团结起来统筹安排和有序开展，需要借助机械的使用和现代技术的推广。这时就需要有不同性质和不同分工的合作社、互助社、服务社以及各种生产、运输和销售方面的联合体，使留守的那些有限的劳动力联合起来形成合力，协作分工，提高效率，这样就可与各种市场力量进行协商谈判，讨价还价，从而使农民利益合理化甚至最大化。

针对当前农村留守的劳动力，大多是年龄和精力都已经度过人生中最好阶段的实际情况，各种组织和团体的建立不仅重要，而且还应符合各地具体的实际情况和特点。如针对老年人口偏多的地方，组织和团体的建设还应注重对高强度劳动的替代和劳动节约型技术的使用，既要加强机械的使用，又要注意技术的选择。政府在支农方面要有切实的优惠措施，减免购置农具的各种税费，鼓励和推广使用各种适宜的农业机械。同时，对于适宜的农业生产技术，优良种子和优质肥料，也应采取优惠的措施引进并推广使用。特别是针对老年人精力有限，难以大面积种植和高强度劳动投入的特点，组织和社团的规模不宜过大，经营面积不宜过大，而要求提供的服务工作必须全面精准。这方面可借鉴日本的经验，各种农业组织和团体可采取小规模、多品种、重环保、强绿色，与市镇超市等销售平台做好对接，尽量走生态农业、有机农业、观光农业之路。

这方面在江西全省各地，已经形成了不少生产和服务性的组织，如赣州、抚州等地的果业生产合作社，南城、高安等县的运输协会，军山湖和鄱阳湖的养殖协会以及散布在全省各地的生产资料采购和供应合作社等。

但从笔者的调研来看，也有不少种植、养殖和加工组织采取的是过多过重地引入外地资本，表面上是以公司加农户的方式，实质上是以低价占领原来农户的生产资料和土地资源，引进的资本一旦形成市场垄断，就会排挤原来的生产和养殖户，造成一家独大。原有的种植户和养殖户势必难以为继，实质上是大鱼吃小鱼，让其他农户没有出路并纷纷破产。这些方面表现在水产养殖方面最突出。农村组织和社团的发展不应该是一枝独秀而应该是万木皆春。即农村经济和社会的发展，可以引进农村以外的资本，并发展一批大型的种植养殖企业，但大型涉农企业的发展，与当地原有的生产者和养殖户的发展做到互补互利。二者之间的关系应该是扩散效应（Spread Effect）而不是回波效应（Backsetting Effect），应该是互惠互利、共同发展和共同富裕，而不是你富我贫、你有我无的马太效应。

3. 农村金融在其中应起到的作用

在农村各种组织和社团的发展过程中，金融的作用不容忽视，农村金融要起到积极的推动促进作用。针对农村各种组织和团体，金融机构要制定出相应的鼓励措施，通过提供相应的金融产品和金融服务来扶持并推进，尤其是通过金融的支持和促进作用，来弥补、替代行政介入。既要让金融机构在商业上实现盈利并保持可持续，又要让农村各种生产组织的发展在资金、技术、服务和信息方面享有足够的支持和便利。农村金融机构在支持和促进各种组织和社团的发展过程中，要充分利用自身的资金优势、信息优势和在当地的特殊地位，使金融资本、社会资本和人力资本融合起来并形成良性互动、相互促进的关系。

而当下的农村金融机构在不少地方甚至在绝大多数地方还处于高高在上的位置，不能放下身子沉入农村经济和社会中去，扩大视野、摸查情况、寻找资源、发现客户、对接项目、引导生产。如前所述，当前农村由于金融机构数量不足，金融产品单一，金融服务苍白，导致农村金融与农村经济和社会还没有形成良好的对接，农户有金融需求时，首先想到的往往是身边的可得资源和民间金融力量，一般不会首先想到正式金融。而各种农村金融机构也往往是处于农村经济和社会的外围，处于被动和边缘的状态，没有主动深入所服务的区域。这方面农村金融要认清当下农村经济和社会形势，明确自身的功能和定位，学习并借鉴其他国家和地区的经验和做法，设计并创新相应的金融产品和金融服务，来更好地促进当地经济和社会的发展。

随着农村中的人口特别是青壮年劳动力的大量外出，农村土地流转将会进一步推进，流转的规模和速度有加大加速的趋势。有些地方随着土地流转的加快，出现了不少手头没有土地可耕的农民，这些人因不再年轻往往不能外出务工，只能是闲坐在家。显然在土地流转中如何解决或安排这些人的出路，也是值得关注和重视的问题。在有些山区，土地流转未必就是唯一的出路，甚至还不是最好的

选择。因为农村流出的是年轻力壮的年轻人，留下的则是年龄偏大和身体偏弱的，还有妇女和儿童。这些留守的人数量较多，如果任其把土地流转出去，过着闲散的生活，既会加重其家庭的负担，也会加重社会和政府的负担。对其中一些家庭和人口可以组织起来，组成各种合作社或互助社，联合起来就可抱团发展。他们也有这样的愿望和需求，只是苦于没有人牵头且资金不足。在这方面农村金融可以通过提供相应的金融服务来推进农村的社会工作，诸如引导人们如何加强协作，展开管理，特别是对于那些能从事一些特色产业的生产和经营的农户或农户组织，在资金和服务上施以援手是能够取得许多意想不到的成果的。更何况利用金融的力量来组织和动员农村基层的力量，中国历来就有这样的做法和传统。而且通过金融来组织和动员比起单纯动用行政手段，少了强迫和服从的成分，多了利益的诱导，多了信用合作意识的培育和形成，因而也更容易为农户所接受，且会有更长的生命力。

（三）强化农户的合作精神

普特南（Robert Putnam）在《一个人打保龄球》一书中把人的社会互惠关系分成一般互惠和特殊互惠两种。简要来讲，一般互惠是我帮你、你帮他，人们的互惠关系不是一对一、点对点式的；特殊互惠是我帮你、你帮我，形成的是相互对应的互惠互利。

农村社会，由于人们聚族而居，大家都生产和生活于同一村庄或附近的几个村庄，同姓之间往往共一个祖宗，逢年过节时在同一祖堂祭祀共同的祖先。即使有少数几户外姓人住进村庄或村庄附近，由于居住日久虽不共祀，习俗与文化也会一致。人们日常行为中，一般都是你帮我、我帮你或你帮我、我帮他，互惠行为中既有一般性，也有特殊性，一般性互惠和特殊性互惠往往融合在一块。

比如，村民出门做事时，往往会把正在哺育的小孩放在邻居家，若是离家太远太久，邻居也会到处给小孩找吃的。或者是下雨了，而周边邻居又大多外出了，这时留在村里的人，会挨家挨户地把别人晒在外面的衣服收拾好。东家的小孩读书放学回来，其大人在外农忙，正在吃饭的西家往往会把小孩叫到自己家里一起吃。更不要说谁家有新鲜的食材出来了一定会往四邻送些，让大家都尝尝鲜。有人出远门回来了，一定会带些礼物分送四邻。

也就是说，在农村特别是一个传统的村庄，农户间并不缺少合作精神。

问题是，农村中的这种合作与互惠是在传统社会形态下形成的，也依附于农村社会相对封闭保守的生产和生活环境。一旦社会转型，由传统向现代发展，无论是生产方式还是生活方式都会发生不小的变化。上面这些合作和互惠能否传承得下来？特别是随着大量的精壮劳动力外出，留下待耕的土地面积扩大了，需要动用机械，需要在更大的地域和范围形成联合和合作，需要在更大范围内配置各种生产资料，并形成以经济利益为导向的合作，传统的仅仅是背依于单个村庄或少数几个村庄之间的互惠合作，也会随之进行适应性的改变和发展吗？另外，农村社会正在发生转型，外出人口在外生子育女，不少子女在外面成长，村庄里守望相助、合作互惠的做法在这些人之间容易形成空白和断层。这些人一旦回来往往特立独行，会对村庄的传统文化和习俗造成一定的影响和冲击。

值得注意的是，传统的互惠合作多以亲情为主，凝结在家庭内部，一般性互惠与特殊性互惠往往融为一体，带有普惠的性质。而现代社会的合作，往往是以经济利益为纽带，要在一个更大的地域范围和更多的人口群体中形成合作。经济利益的合作带有特殊性互惠，一般性互惠会变得稀缺。这时就需要有一定的政策和措施，或由政府和组织、社团来提供一般性互惠，或采取一定的利益诱导方式引导人们相互提供一般性互惠。

综上所述，农村中合作精神的培育与建立，还要由以下层面共同发力。

1. 政府层面

农村公共设施、公共产品和公共服务，需要政府在全国范围内普惠提供和均等供应。尽管农村地域广大，居住相对分散，具有多样性和复杂性特点。但随着国家经济发展和财力增强，政府有能力在农村逐步提供较完善的基础设施、公共产品和公共服务。这样农民在生产和生活方面才没有后顾之忧，特别是在互助合作、抱团发展的时候，农民各自在心里打的“小算盘”才会越来越少，才会越来越有大局意识、共同意识和双赢意识，在大的灾害和风险来临时，可由政府或社会来分担一些，农民在开展生产时才会更加坚决，减少犹豫，心无旁骛。这个时候农民才会有合作的需求、合作的愿望、合作的决心。

2. 金融层面

农村金融机构应充分发挥好各自的作用，如农村保险机构要充分考虑并覆盖对农业生产的各个方面、农民生活中的各种重大问题的不确定性，设计并供给相应的保险产品。随着农村经济和社会的进一步发展，还应为农业生产和生活服务

的行业和产品提供保险，减少这些部门在服务“三农”中的风险和不确定性，增加服务的宽度和深度。政策性金融要对农村各种基础设施特别是与农业生产相关的基础设施，提供好相应的政策性金融服务。允许并尊重农民在遇有合作性和互助性金融需求时，自己组建或引进相应的金融机构和金融服务。商业性金融在面对农民合作性和互助性组织时，也要设计并推广相应的金融产品和金融服务，从而大力提高农业的生产效率和农民的收入水平。

3. 农民层面

坚持以利益导向，不以牺牲农民作为经济人为条件来推进合作。在构建农村各种组织和社团时，要从制度设计和政策引导上保证农民既是一个经济人，也是一个社会人，二者不应该是一种非此即彼、势不两立的关系，而是一种相互依存、共同促进的关系。如果农村各种组织和社团的建设，没有了利益导向这一原则和目标，也就难有经济上的可作为和商业上的可持续以及生产和生活上的可提高，这样各种组织和社团的生存和发展就会成为无源之水，无本之木。因而，合作组织或民间社团的建立与发展应在尊重并保护农民作为经济人的各种经济行为的前提下，保证各自商业利益的前提下，引导大家在利己的同时兼顾利他，并通过一系列制度和规则的设计、推出和执行，来尽量做到利己和利他并重。

4. 组织层面

要鼓励在广大农村建立一些合作性组织。首先，当然是合作性金融组织且是真正意义上的金融合作，即只面向合作社内的社员吸收存款、发放贷款并办理各种结算等中间业务的金融服务，由社员选举产生理事会和监事会，由理事会推举理事长，由监事会推举监事长，形成监督和制衡机制。社员间无论出资多少均一人一票，信用合作社的业务严格限制在为本社社员提供合作性的金融服务，真正做到人人为我、我为人人。其次，通过合作金融来开展并推动生产、流通和消费等方面合作组织的建立，信用合作社要把最大的力量用于对各种合作组织提供金融服务上，至少在资金上为各种合作组织提供必要的支持和服务。在金融服务中，如贷款发放中对贷款户的审查和监督转移并内化到各种生产、流通和消费合作组织内部来完成，以节约信用合作社的授信成本，降低贷款利率，从而降低其资金使用的成本，通过金融资源的配置和投向来引导农民的经济行动和合作行为。最后，对那些能真正做到“人的联合”的组织和社团，政府在政策、税收、技术、信息、转移支付等提供相应的支持与扶助，特别是针对那些能有效运行，能真正实施互助合作的各种合作组织和社团，提供更加优惠的政策和更加独到的支持，以全面推动农民的合作精神。

5. 道德层面

政府牵头，自己搭台，在乡镇联合、产销联盟、农超对接方面，鼓励销售方、消费者等市场终端力量，多与有组织、有生产能力、有信誉保障的农村生产合作组织打交道，建立相对固定的、品质有保证的且有一定竞争性的供货渠道。同时，建立对合作社生产产品的跟踪和监督溯源机制，建立诚信名单和失信名单，尤其要加强合作社内的诚信教育和合作精神的培育，这样才能促进产销之间实现双赢和多赢，即无论是在与合作社内的成员打交道也好，还是与合作社外的客户做生意也好，要让大家树立起“你好我也好”“你好我才好”“你好我更好”的荣辱与共、输赢与共和合作共赢的理念。要在农村建立起公共文化空间，形成一种学习效应，使得人们的信仰、道德、品行等精神层面与其生产、流通、销售等经济层面结合起来。

二、以分工促生产，通过差异化生产，规模化贸易，提高农业生产能力

（一）差异化生产

由于地域广大，地形复杂，加上人口的增长和村庄的建设快慢不一，使得农村居民居住分散，作息不同，风俗殊异。这也就使得农业生产往往是以村庄、以每家每户为单位，男外女内，男耕女织。如果说在传统社会中，耕是农业的代表，织是工业的象征，几千年来，男耕女织就把工业和农业结合并糅进到每一个家庭中。而家庭作为社会的细胞具有小巧、稳定、节俭、守成、崇尚传统、不易变化等特点，也就造成了我国长久以来农村的社会和经济发展缓慢，相对稳定，缺少流动，难有交往。因而在广大农村不同的地方，其风俗习惯、语言行为、饮食起居等均不相同，都有其各自的特点。表现在语言上往往十里不同音，百里不同言。

反映在农村经济和社会中，不同地方，哪怕就是相邻的两个村子的耕作特点

和生活习性也有一定的差别。反映在农业生产中，不同地方的农作物的品种结构、种植方式、田野管理、收晒储藏也有一定的差别甚至很大的不同，更不要说由此产生的消费习惯和饮食差别。这些在几千年来的传统社会中，人们没有感觉到其中有什么不妥，更没有想到该如何去改造和变革。传统社会也就形成了不同地方具有不同的风俗习惯，由于走动交往少，农产品的生产和消费自给自足，不需要考虑市场的需求变化。市场细碎化、物资流通少、人口走动少，传统农村社会基本上像陶渊明式的“鸡犬之声相闻，老死不相往来”；“不知有汉，无论魏晋”。

然而在市场经济下，资源的配置通过价格规律发挥作用，且价格在资源的配置中发挥基础性作用。价格规律首先就表现在配置农村劳动力上。农业生产由于是小规模、细碎化，使得其生产效率不高，因而回报率也较低，农业劳动力的投入产出比相对于其他行业也就处于较低水平上，造成从事农业生产的人口和家庭，收入增长难。收入低，人们的生活水平也就好不起来。改革开放之后，随着信息的涌入和扩散，人们发现到外面就业时的收入比在家里要高出许多。开始时是一小部分胆子大、年轻、有知识的人外出，后来，由于这批人在外的收入不错，村里的人纷纷外出，留下来的只剩老幼妇孺。

这个时候就需要改变传统的耕作方式，引入现代技术，在生产环节要有计划、有分工、有协作，还要有替代人工的机械投入，用现代工艺和管理替代传统生产技术和耕作方式，尽量保持传统品质和口味来提高产量，增加供应。即农产品的生产和供应就应该是在传统和现代、保守与开放、品质与高产、冲突与协调之间来促进农产品生产的差异化和现代化。这些单纯依靠家庭力量是不够的，无论是劳动力供给，还是技术跟进或是资金投入，都需要团队力量，大家分工协作，共同发展。

速水佑次郎（Yujiro Hayami）和弗农·拉坦（Vernon Rutton）在20世纪70年代提出诱导性技术进步理论（Induce Technical Innovation Theory）①，认为一国农业技术进步是对该国资源禀赋和产品需求的动态反应。我们可以借用该理论来说明当前劳动力转移前后农业生产要素变动和技术变革的情况，具体如图5-1所示。

① 速水佑次郎、弗农·拉坦，吴伟东等译：《农业发展：国际前景》，商务印书馆，2014年。

图5－1（a）表示随着劳动力不断转移，必然会增加农业机械的使用。BB和CC为劳动力转移之前和之后的土地—劳动价格比，I'_0和I'_1代表不同类型的机械或技术的包络线，OA表示一定产量水平时土地和机械动力之间的组合关系，劳动力转移之前，I'_0和BB相切于P点，此时生产一定数量的农产品，单位土地面积投入的劳动数量较多，投入的土地和机械动力较少。劳动力大量外流后，农用机械购置数量较多，此时，I'_1和CC相切于Q点，与P点相比，此时生产一定产出投入的劳动减少了，投入的土地和机械动力增加了。

图5－1（b）表示随着劳动力不断转移，农业生产中必然会增加化肥的使用，要求有更多的农用基础设施的供给，包括生物技术、品种改良、农技服务和推广等，从而在单位面积的土地上的产出水平不断提高。换个角度说，劳动力转移之后，农产品供应的增加越来越依赖农业生物技术投入、良种使用和化肥的大量施用。这样，一方面造成农业生产成本的增加；另一方面也要求国家和社会加大对农业的支持和投入，如财政、信贷、基础设施和公共服务等方面。显然，面对这种发展趋势，单个农户的力量是不够的，需要广大农户联合起来，组建各种农业生产和服务组织形成合力，共同面对。

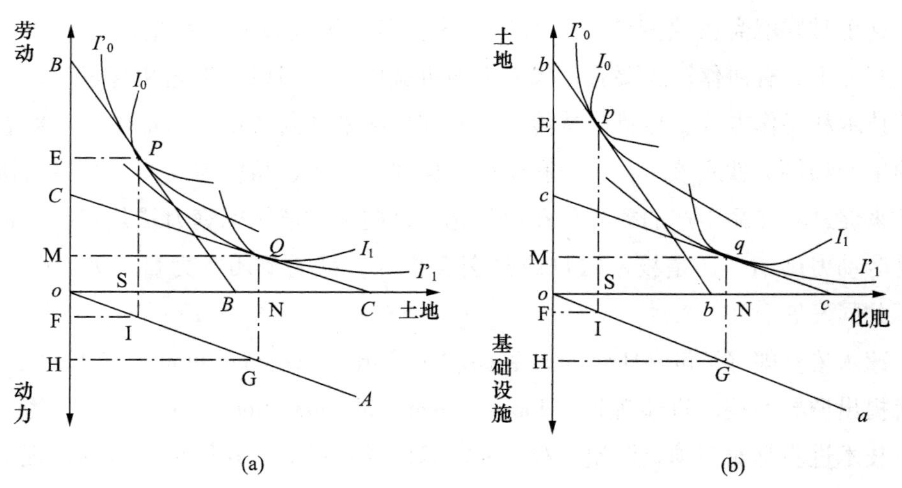

图5－1　要素变动与诱导技术变革

也就是说，需要有建立在农户自发自愿基础上的农业生产合作并形成团队，在农产品的生产和供应中发挥基础性的作用。生产水稻的要有水稻生产合作社，生产柑橘的要有柑橘合作社，养殖水产的要有水产合作社等。当然合作社的建立应该基于，一是农民要有切实的合作需求；二是政府要有相应的政策支持；三是社会要有尊重农民合作精神的环境，特别是要有让农民表达愿望、主张权利的自主和自由。在此基础上，农民方能在合作的框架内分工协作，合理地投入劳动、资金、技术等要素，增加产出水平。

在合作框架下，农民间有了分工就能较大幅度地提高生产效率。这样既能最大范围地提高土地的产出，又能最充分地发挥农民从事种植、养殖业和加工业方面的积极性，结束单纯以各家各户为生产单位的小规模、低产量的生产，从而降低生产成本，取得规模效益。在分工协作过程中，要充分利用各地的资源优势和资源特色，在政府政策和社会力量的支持下使这些合作在产业上有依托、在商业上可持续。

当前农业生产中存在的问题是，技术不过关，规模上不去，市场起伏大，生产不连续。还没有形成组织和体系，还没有在金融、技术、流通和市场等方面提供综合服务的组织，政府在这方面的政策引导和扶持也还不足。从金融的角度上讲，用来保障和稳定其资金流的信贷、保险的金融产品，用于分散和转移风险的保险、期货等金融产品都还相当欠缺。同时，用于帮助结算改善支付的金融服务，也存在着如何持续供给并保持稳定等方面的问题。

（二）规模化贸易

规模化贸易，可以从三个方面来展开，即政策层面、技术层面和金融层面。

1. *政策层面*

一是农村基层政府和相关部门，无论是在政策上还是在行动上，要以一个真正的服务者的身份和姿态出现，要与农民利益保持高度一致，并结成利益共同体；二是农户或农民，有权参与并表达对基层管理者的意见和愿望，有权选择甚至决定由谁来参与当地经济和社会管理，有权拒绝甚至罢免不合格和不称职的管理者。

农村的管理部门和农村的生产部门，不应该是“两张皮”，即管理者高高在上，只是凭文件、凭报告、凭汇报、凭主观想象，坐在办公室里发号施令，而不去了解生产和流通中的实际情况，不去应对新问题。“两张皮”的另一个表现是，作为生产者的农民，无论是从事种植业、养殖业还是加工业，只顾埋头干活，不了解政策规定，不跟踪市场变化，不关心客户需求，对相应的新技术、新方法、新工艺等一无所知，闭门造车，等客上门。更不要说去了解国内和国际的经济形势和需求形势变化。

要克服“两张皮”，就必须使农村的管理者和生产者之间发生互动，进行融合，做到管理和生产你中有我、我中有你，寓管理于生产、融生产于管理。从管理层面来讲，各种管理人员，不能全部都由上级派下来，待两三年就走人，这样的管理者，势必会把精力和心思用在农业生产之外，对农业生产和管理难以做到自觉自愿和全心全意，从而影响管理的效果。管理者中必须有一部分来自农村基层，来源于熟悉并从事农村经济和农业生产的经营者和生产者。管理者和生产者不应该是两种截然不同身份的人，应该是同一个人的两种身份。要把“两张皮”变成一张皮，变成一种合作共同体、生产共同体甚至利益共同体。

2. 技术层面

一是生产资料采购的规模化，农用生产资料的采购阶段，要做到在一定的地域范围内，或者是一定的农户数量中，进行统一采购，集中议价，以全面降低农用生产资料的供应价格。农业生产需要购买的各种农用生产资料、农用机械等，由各种农村经济和社会组织统一采购或定制，减少甚至是避免中间环节，由组织和社团牵头，实现生产这些资料和设备的厂家与需要这些的农户对接，各种金融服务和财政支持，要优先鼓励和重点支持这种厂家和农户的对接行为，避免各种涉农物资，被层层转手和层层加价，既妨碍了效率，又增加了负担，还阻碍了农户与厂家的沟通，阻塞了农户获取针对农产品的使用意见与改进建议，阻滞了生产与市场之间的真实信息交流。

二是农产品销售方面的规模化，在农产品的销售过程中，也应该时由农民生产性或合作性组织和社团，来统一定价，统一销售，避免农户“单家独户闯市场、千军万马拼价格”的现象，在产品收获上市时相互压价，自降利润，出现增产不增收的现象。要鼓励生产者到消费者集中的地方开卖场，或者直接与超市对接。同时，鼓励那些大的消费单位直接到田间地头订货。制定一套鼓励农产品优质优价的制度和保障措施。鼓励生产者对农产品进行深加工和精加工，直接面向市场和消费者，减少中间环节，缩小产销距离。而其他涉农服务单位，也应该在加快农产品的流通和消费方面，提供金融、仓储、运输和保鲜等方面的服务。同时，各大农贸市场，在设计和建设时，要预先留下给农产品生产者进行直销的场地和空间。

三是对农村经济社会提供服务的规模化，对农业生产提供的各种服务，也应该统一采购，集中定制，形成统一的标准和合理价格。做到这一点相对难度较大，毕竟农村人口居住分散，农业生产多样，各地情况不同，所需要的服务也就胃口各一、参差不同。但是，农村经济和社会服务的规模化，必须是建立在农村经济组织和社团得到发展的基础之上的，这样，对农村经济和社会事务，就可以直接和农村经济组织对接。在农村社会服务中，养老、医疗、护理与看管等，也可以由分散转向集中，由零星转为规模。对农业生产的服务，也可以建立在农业生产本身的集约化和规模化的基础之上。只是，针对劳动集约、资金集约或技术集约，需要提供不同内容和不同形式的服务，但大体可以围绕农业生产过程中的产前、产中、产后的不同阶段、不同环节和不同需求来提供。如针对农业生产过程中的耕田、播种、除草、打药、灭虫、防疫、收割、晒干、储藏、运输等环节，建立相应的服务组织并提供相应的服务内容。甚至在有些地方由于劳动力大量外出，田地大量空置的现状，还可以组织相应的带有生产性质的服务公司，对农户暂时闲置的田地（甚至是牲口）进行“托管”。

3. 金融层面

农村金融无论是在机构设置上还是在业务展开，以及产品设计方面，都要把重心下沉到农业生产中的每一个环节中去，要对农业生产过程中的产前、产中和产后提供全方位的、“一条龙”式的连续服务，把金融机构自身可持续发展与农村经济和社会的增长和发展融为一体。具体来讲，比如信贷的发生，即可通过农村不同的经济组织把农户组织起来后，组织内的成员可以形成一个个较大规模和较大需求的“信用共同体”，共同体可以由不同的经济和收入的农户构成，相互间达成合作、担保、使用、监督、偿还、清收等约定；在此基础上，各种涉农金融机构再对一个个信用共同体授信，即可把金融机构原来向单个农户提供的细碎化、零售式金融服务，变成一次可向多个农户同时提供的综合化、规模化金融服务。同时，金融机构应该在签订合约、垫付资金、提供结算、及时清收方面，提供全面标准的服务。不仅如此，还要在涉农信息、相应技术、财务咨询、授信额度、甚至是各种金融产品的设计和供应方面，要切实为农民服务、尽量使农民利益最大化。特别是政府、社会和金融等部门，在对农用生产资料供应，农副产品生产流通、销售和回款上，要多方面合作，全方位联动，形成合力来维护和提高农民的应得收入。

（三）通过差异化和规模化来促进农业生产

所谓的差异化和规模化，是指结合农村各地的实际情况而言的差异化和规模化。农业生产，一如亚当·斯密在《国富论》中所说，其发展也是一个不断分工、不断合作的过程。改革开放后，刚刚实行联产承包时，农业生产以家庭为单位，按家庭需要进行耕种，往往什么都要种，一样都不能少，否则就会给生活带来不便。

后来，随着农产品剩余的增加和农贸市场的发展，农民发现一些产量不大、花费精力不小的农副产品可以通过市场买卖获得。于是不少农民就朝着自己熟悉在行的方向耕种，对掌握技术和管理的农作物加大种植力度，生产的产品除了自己消费还拿到市场出售；而对那些自己不熟悉或技术不过关的农作物，则种植得少或不种植，通过市场购买获得。这样单个农户耕作的品种趋于单一，耕种的规模逐渐扩大。随着农村劳动力的进一步外流，土地集中的趋势越来越明显，农民从事农业生产就开始差异化和规模化。

当然这种差异化和规模化只是相对的，即与联产承包责任制刚实施时相比，农户生产的品种减少了，规模扩大了，只是在传统技术条件下的差异化和规模化。如果农户添置了农业机械，使用了先进技术和现代管理，则这种差异化和规模化是远远不够的，还有很大的发展提升空间。

真正的差异化，不仅指农户种植的品种越来越单一，且对单一品种的种植，在其不同的生产环节、不同的成长阶段，由不同的生产主体来参与并完成。即从事单一品种的种植期间，种子的提供、田间的整理、作物的培育、秧苗的栽插以及田间管理、收割、运输、储存、加工等，分别由不同的生产主体来完成。甚至同一个环节或阶段，也由多个不同的主体来参与和完成。可以说，差异化是规模化的前提，规模化是差异化的结果。

那么，如何通过差异化和规模化来促进农业生产呢？

1. 就农业生产本身来讲

要针对本地区的历史传承、风俗习惯、耕作经验和本地的水土条件、墒情肥力、市场远近、消费习性，来确定适应本地区的种植品种。在确定种什么、如何

种、由谁来种、种在哪里、市场在哪里等问题上，首先要尊重农民的意见，然后才是向相关领域的专家学者请教咨询，或聘请相关的专家充当指导和顾问，再后来才是政府的相应鼓励与帮扶政策出台。要根据本地的土地、灌溉、人力、技术与物质投入情况，再结合本地或外地的加工情况、销售情况、市场容量、价格行情来确定如何生产和生产多少。一般地，对于依赖传统技术、依靠本地市场且市场容量不大的产品，适合在生产地域和生产产品层面进行分工。针对有些农产品的生产，需要投入的机械和物资较多、播种的面积较大，生产要经历不同的环节，且每一环节的劳动强度不同，技术要求也不一样，这就要求在生产的不同环节进行分工，力求使每一环节的生产和操作都差异化、程式化，进而规模化。

2. 就农业生产服务来讲

显然不同的生产分工对服务的需求也不一样，甚至不同环节就需要不同的服务。这些服务及供给要根据其属性来确定。如果涉及基础性和普惠性的服务，具有公共物品的性质，或者是符合 WTO 规则中“绿箱”的性质则要由政府来提供。通过公共财政支出，如政府购买的形式来提供。如果这种服务受惠的只是特定的人群或对象，且具有一定的竞争性和排他性、具有私人物品的性质则应该由民间或社会来提供，在使用过程中遵循“谁受益，谁付费”的原则。同时，鉴于农业生产的弱质性，政府可制定相应的优惠政策和鼓励措施，对提供或使用这类服务的进行适当贴补，或者在税费上予以一定的优惠和减免。对于介于两者之间的服务，既有一定的公共性又不乏竞争性，属于半公共品的服务则应由政府和民间协同提供，要鼓励民间资本的进入，政府则给予投资补贴。

不少农村的打工者回乡后纷纷添置农用机械，帮人从事生产，进行收割运输，按面积或按小时收费。因为能够替代并节约大量人工，进度快、效率高，深受农户欢迎。购买农机的农户，自己田地不多甚至没有田地，主要为需要的农户服务，通过收取费用在商业和财务上能够保持可持续。由于当前农村劳动力外流严重，机械的及时跟进就像“及时雨”，更何况“春差日夏差时”，使用机械进度快，不误农时。因此，不仅仅农用机械在城郊和平原地方越来越多，就是在山区原本没有或缺少农机的地方，那些家境好并握有较大资金的农户也纷纷购置农机。面对这种变化政府所要做的，就是要把农机购置补贴落到实处，在那些交通和位置不好的山区农村和偏僻地带，应加大财政投入，组织和动员力量，修建能够供农机通行的公路或机耕路，为购买农机的农户提供通行条件。

还有一些服务，如粮食烘干设备，投入大、占地多，每年能使用的时间短。单靠少数农户是难以添置的。但是在粮食主产区特别是江南稻谷产区，每年收割的时候正好是雨热同季，雨水多，收割上来的稻谷不易及时晒干，造成霉变，令人心痛。一定规模的播种面积，必须配备相应的烘干设备。这个时候怎样添置、由谁来添置，政府在其中应扮演什么角色必须明确。尤其需要有政策支持、税收减免和财政补贴的及时跟进。

3. 就农村金融应发挥的作用来讲

金融的作用应该由单纯地提供资金和结算服务，转向更多、更深层次的服务。如果说城市金融的服务已经由单纯地坐柜头、卖产品转变为与客户交朋友、卖服务；那么农村中的金融服务就应该由单纯地提供存贷款、结算、汇兑等业务，向存贷款的来源与应用等纵深领域延伸。如怎样才能形成更多存款，对存款如何合理使用与投资，贷款用于何处，如何更加合理地使用贷款，无论是每家每户单独零星地使用贷款，还是在村庄或村庄之间、组织与组织之间、社团与社团之间联合批发地使用。在贷款的申请和使用上，要与生产主体结成联盟，产生合作，形成合力，使贷款释放出更多正外部性，从而更高效地进入农村实体经济，与国家的政策和措施相呼应，产生更多的社会效益，与市场需求形成对接。在农村经济发展中，不同的贷款申请者在资金的使用和配置上通过金融机构的科学指导和合理引导，使资金在农村不同地区、不同群体以及同一地区的不同行业、不同产业、不同产品之间优化配置和合理使用，从而促使农村经济和社会均衡发展。还可引导金融资源在同一产业的不同阶段合理配置和有效使用。在延伸农业生产的产业链、促使农业生产精深发展和精准发展方面，农村金融机构应该有更多、更大的作为。

农村金融机构可利用手中掌握着农村经济和社会发展中宝贵的金融资源的有利位置，通过金融服务引导并参与农村社会管理事务，通过农村已有的村级组织，每年或每个经济周期在制订和安排农村信贷计划时，主动联系并响应当地经济和社会发展方面的规划。可以在各地农村基层行政组织中寻找自己的代言人和代理人，利用其离农民近，打交道多，熟悉和了解当地经济和社会事务的优势，在农户间做足做深各种服务工作，与村组一级管理者联合，对农户的金融需求和金融变化做出快速反应。从而使农村金融与农村经济发展、农村社会管理融合成一个有机的“双赢”整体，并形成共同发展相互促进且相互提高的态势。

三、以生产促发展，通过掌握议价权，提高话语权，推进乡村自治建设

（一）掌握议价权

掌握议价权又可以分为为什么要掌握议价权、掌握哪些方面的议价权、如何才能掌握议价权等。

当前生产农产品的主体，无论是单家独户的农民，还是小有规模的农场，往往只是价格的接受者，极难成为价格的制定者，这也是农业生产面临较大的市场风险的重要原因。加上农产品的消费价格弹性又较低，而农产品的生产和供应太分散，供给数量不稳定，结果就使得农产品的供给波动，进而引起市场价格更大的波动。农民根据这些信号调整生产和供应时往往又具有趋同性，加上农产品生产周期较长，做出反应需要有较长的时滞。因而农产品价格每次上涨之后，迎来的下一个周期往往就是剧烈的下跌。近十多年的生猪市场就是这样。这种情况既使生产者难受，又使消费者紧张，这也是各级政府不愿意看到的。能否减少甚至杜绝这些情况的发生，使农产品的供应与需求之间基本平衡，农产品价格保持相对稳定呢?

能否遵照这样一种思路，农产品的生产者能够结成联盟。联盟由生产者组织，生产者管理。组织形式可以是一人一票，也可以是按种植面积或产量来分配投票权。生产什么，生产多少，联盟可根据市场情况来确定，统一发布。

掌握产品议价权应该包含两方面的内容，一方面是对于农业生产所需要投入的各种生产资料，包括肥料、农药、农机等基本资料，还有水利灌溉、农机通道、储藏保鲜、加工运输等基础设施，其价格的制定和形成，作为使用者的农民应能参与其中并掌握一定的话语权，以形成一个多方都能接受的价格，尤其是农民自己能接受的价格。

另一方面是对于自己所生产出来的农产品价格的制定，尽可能掌握更多的议价权。又可以分为两种情况：一是生产之前的定价，即生产之前制定一个对于自己有利的价格，再来组织生产；二是在产品生产之后的定价，如何组织或联合起来面对强大的市场销售者来争取并达成一个对自己较有利的价格。

所谓争取并达成一个对自己相对有利的价格，是指相对于非农产品价格而言，特别是工业品价格。不可否认，造成当前我国农村相对贫困，广大农村中还有不少地区处于相对落后和欠发达的原因，是农产品价格长期被人为地压低。一方面，农产品价格长期偏低；另一方面，专供农业生产使用的工业品价格又长期偏高，其结果造成农业在与非农业的贸易中处于极其不利的地位，农民不得不卖出更多的农产品才能换回一定数量的非农产品，尤其是工业品。这也就是我国长期存在的工农产品价格“剪刀差”。这种“剪刀差”长期存在，固然为我国的城市和工业发展提供了巨大的积累，却也造成农村长期落后和贫困。

如何改变这种状况？根据西方主流经济学的观点，农产品价格与工业品价格之间，存在如图 5－2 所示的关系。

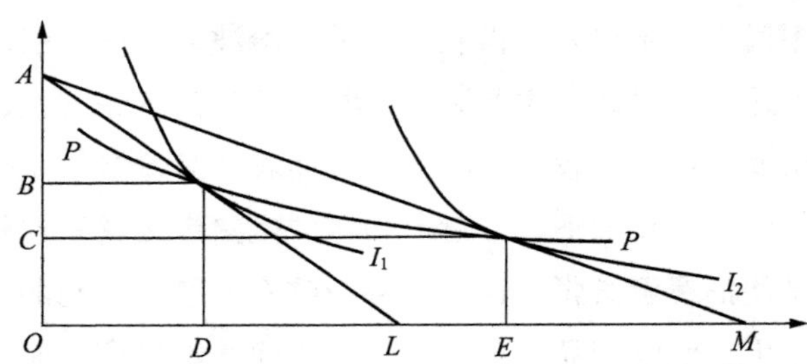

图 5－2　通过提高农产品价格改善农业贸易条件

图 5－2 中，OM 表示工业品，OA 表示农产品，I_1 和 I_2 是两条无差异曲线，表示农民对工业品和农产品的不同偏好程度，AL 和 AM 是两条预算线，表示两种产品的不同的贸易条件，PP 为价格—消费曲线，表示农产品和农民消费之间的关系。在农产品价格处于相对不利的时候，农民面对的贸易条件和无差异曲线分别为 AL 和 I_1，此时农产品和工业品的最优消费组合为 OB 数量的农产品和 OD 数量的工业品，农业剩余（Total Agricultural Surplus & Average Agricultural Surplus）为 AB。如果农产品价格变得对农民相对有利，即农民能够通过自身的努力、金融的参与和政府的支持争取到一个较有利的农产品价格，而工业品的价格特别是涉农工业品，如化肥、农药、良种、农用机械等处于相对稳定的状态，

则农民的预算线会由 AL 向右延伸到 AM，与更高的无差异曲线 I_2 相切，此时的最优消费组合是 OC 数量的农产品和 OE 数量的工业品，农业剩余为 AC，AC > AB，农业剩余就增加了。由于农业剩余增加，根据乔根森、拉尼斯、费景汉等的理论，就能保证有更多的农业劳动力转移到非农业领域尤其是城市工业中去，促进一国经济由二元结构向一元结构转型。同时，图 5 – 2 中，对工业品的消费，也由 OD 增加到 OE，净增加的 DE，也使得城市的工业品市场扩大了。

由图 5 – 2 可见，提高农产品的相对价格水平，既有利于农业生产，又有利于工业生产，使工农业达到"双赢"，从而有利于实现经济全面增长和社会持续稳定。

从笔者近期的调查情况来看，这方面的工作重点，即农产品生产之前的价格制定形成的工作，一是还没有有效开展起来；二是在有些开展的地方，在制定价格的过程中，农产品的生产者所起到的作用还不够；三是相应的涉农部门、涉农机构，如基层政府、金融部门、农业服务部门、农村各种协会、社团等组织没有起到应有的服务和保障作用。

在农产品定价过程中，要突出发挥农村金融的作用。最好是由农村金融机构，如农村信用合作社，联合涉农部门或组织，与农产品的生产者一道，形成并制定一个确保农产品生产者能有一定合理利润的价格，以锁定农产品生产出来之后的市场风险。

另外，为了确保农产品生产者在农产品定价中起到应有的作用，还要保证农产品生产者在乡村政治中的应有权利，如参政议政的权利，对基层政权的选举投票权、实施监督权、重大政策制定的参与权等。基层干部选拔，要经过农产品生产者等农村经济和社会的主体投票等民主程序产生，这样农产品的议价权才会更有可能掌握在农业生产者的手中。

农产品的议价权，表面上是经济权利，实质上是政治权利、民主权利。

（二）提高话语权

话语权又可以分为经济上的话语权、文化上的话语权、政治上的话语权。表面上看，三者尽管是不同方面，实质上是同一事情的三个不同侧面。

所谓经济上的话语权，涉及如何生钱（取财），如何用钱，由谁来用钱，用在什么地方，效果如何评判，在这一系列过程中农民所起的作用如何，特别是农民在这些事情中的参与权、表达权和决定权。从生钱或聚财的角度上，即形成农民收入来源的角度，一是从农村经济活动中来，包括农业生产和非农业生产，近年来出现的土地入股和资金入股并形成要素收入方面；二是从农村之外，大多是外出务工中形成的劳务或工资性收入来，有“离土不离乡”、“离土又离乡”形式的劳务收入等；三是来自国家转移支付，特别是近年来国家在农机购置、退耕还林、种粮直补、养老等方面的补贴日益增多；四是接受社会捐赠等。

四种来源中，来源于农业生产中的收入太少，因为生产分散和规模狭小，且单一生产者提供的产品数量有限，多个生产者之间又没有有效组织或联合起来，农产品的生产者在农产品价格制定方面相当被动，绝大多数只能是价格的接受者，加上市场波动，价格起伏大，收入不稳定。来源于外出务工的收入占有绝对比例，但付出的成本越来越高，大多数外出务工的农民要到离家几百、几千公里之外的地方去寻找能适合自己的工作，而老人和小孩则只能留在家乡，由于路途太远且往返不易，往往是一年或几年才能回家一趟，这就造成了当前农村，家庭缺少主心骨，老人无法照顾、小孩缺少关爱，给农村经济和社会发展带来隐患。来源于国家转移支付虽然逐年增加，但占比很低，与市场成熟度较高的国家相比仍然有不小的距离，还需要继续大幅度增加。来源于社会的捐赠只限于特定的事件、特定的地区和特定的时候，且总体来讲，数量较小、作用有限。

收入来源是这样，由此形成的开支，即如何用钱方面，用在什么地方，如何评价等方面几乎是空白状态。农村里的挣钱和用钱，大多还处在私人用钱状态，即各自挣钱各自花钱，头痛医头脚痛医脚，缺少长远打算和通盘考虑。政府、社会等在这方面的关注和投入不足，公共品供给短缺，尤其是农村道路、水利、灌溉、运输、储藏等方面的投入亟待加强。在这方面，要由各相关主体联合起来，制订计划，逐一解决。最好能形成相应的组织和制度，以投票或民主管理的方式形成有效管理和全面落实，形成设施完善、生产有序、生活方便的农村发展环境。

当前的问题是，国家对农村转移支付资金的使用是否有计划和针对性？使用过程是否民主、公开、透明？资金投向是否为农村经济社会所亟须？效果如何？怎样评价？谁来评价？后续管理如何跟进？尚需要在这些方面做大量深入细致的工作。特别是资金的使用中，如何动员组织广大农民进行参与、监督、评价，从而形成合理有效的监督制约机制尤显重要。

不少农村地区，在涉及支农资金的争取和使用时，往往是谁“跑”来的资金，就由谁支配使用，反正是国家的钱，不需要自己掏腰包。这样一来，容易造成资金使用不当，使用效率不高，使用过程缺少必要的监督，容易产生设租和寻租的现象。今后在资金的使用与监督、制度与程序、民主与公开、公平与效率等方面还需规范和提高。既要加强农民的参与和监督以全面提高资金的使用效率，又不能因此减少那些能够且善于筹措资金的人投身于此项事业的热情和积极性。

可以通过资金的筹措与使用来组织动员农村社会力量，形成促使广大农民参政、议政、民主、监督、合作、互动的良好氛围。

（三）推进乡村自治建设

自古以来，权力不下乡村，并不意味着乡村就不要行使权力。在乡村，由于种种特殊情况，自上而下的权力行使成本大、效果差、中间环节多，容易使权力变形。如果政府处处插手，事必躬亲，一是成本太高，二是效率过低，三是疲于奔命。因而在乡村，由于地广人稀，民风迥异，事务复杂，信息不对称，难以形成有效治理。这样古今中外关于治理乡村几乎达成了共识，即尽可能推行乡村自治。

乡村自治的关键是如何设计并完善一种机制，调动乡村中的各种自发因素和乡村社会内部固有的能量，通过选举、谈判、互助、合作等方式形成推行乡村自治的有效力量，使之长期、持续、有效地作用于乡村社会，并使乡村各个利益主体和绝大多数村民都能认可并接受。

能够有效凝聚乡村社会各种力量的莫过于形成一系列自治性的组织，通过这些组织，把一个个原子化存在的村民团结在一起，从而形成乡村社会的网格化。这样有利于村民在生产和消费过程中，抱团、凝心、聚力，有效收集利用各种相关信息，及时对接市场需求，调整各种生产活动，形成对自己有利的局面。尤其是在生产资料和大宗消费品的采购中，通过组织形成规模力量，在谈判和价格的形成上争取到有利的位置。

乡村组织应能呼应村民诉求、代表村民利益、提供相应的公共品来满足村民的相关需求。当然这离不开村民的响应与参与，离不开村民的关切与投入。因而这样的组织在形式上应该是村民参与、村民自决、村民自享，即决策共做、利益共享、风险共担；在内容上应以经济活动为主体，同时处理社区内的社会、文化、政治等相关事务。

正如笔者在早年的一篇文章中说过，一个一直都存在却又熟视无睹的事实是，到目前为止，我国8亿多农民，竟然还没有一个完全属于农民自己的、能替农民说得上话的协会或者是其他形式的农民组织①。这种社会的不足或者说是重要的缺憾就是，社会缺乏自我组织能力，遇事只能依靠政府的行政命令，一旦命令难以执行或者是没有执行就处于混乱无序的无政府状态。要弥补政府的不足，一个发育良好的百姓社会和社群组织是必不可少的，这样能够起到与政府工作良性互动，使社会成员对于国家更加具有向心力和认同感。

由于没有真正意义上的农民组织，就缺少了在市场交易活动中与各种有组织的对方讨价还价的能力，农民，总人口再多，也只是一盘散沙。农民因为经济地位低，政治地位也就上不去，因而其主张、建议、意见、愿望也就得不到表达。这些反过来又影响农民发展经济的能力，导致农民越贫困。这就类似讷克斯（Nurkse）的贫困的恶性循环（Vicious Circle of Poverty）的另一种版本（见图5－3）。

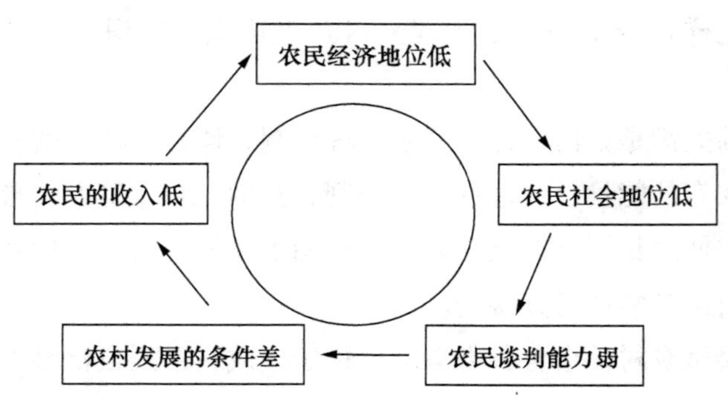

图5－3 农民贫困的恶性循环的另一种版本

显然突破这种恶性循环的要点，就在于要建立起属于农民自己的各种组织，包括协会、农会、联盟、合作社，这样就可以提高农民的谈判能力和话语力量。“工人有代表工人利益的工会，青年有代表青年利益的青年团，妇女有代表妇女利益的妇联，为什么农民不能成立代表农民利益的组织?”原农业部政策研究中

① 祝爱武、李似鸿、曾斌：《农民增收的制度约束及其“矫正”》，《经济管理》2007年第8期。

心研究员姚监复针对农民组织的缺失，就多次这样呼吁过①。

现在离笔者早年写的一篇文章已经过去近 10 年时间。其间，尽管在广大农村已经成立了数量众多的组织和团体，但是这些组织大多是功能单一、力量薄弱的纯生产性组织，还缺少合作类和消费类组织，更缺少社会性组织。即便目前已有少量的合作组织中有些相当重要的组织，如金融类合作组织几乎处于空白状态。而在现代经济中，不管是现代工业，还是现代农业，金融的作用都是不可缺少的。当前不少农村地区和农业经济，正是由于缺少了金融的作用，而处于相当艰难的状态。

正如前文所述，真正的信用合作应该是由农户在自愿互利的前提下，共同出资组织，最高权力机构是社员代表大会，一人一票，其经营是建立在信用合作的基础上，社员既有义务也有动力将资金存入自己的信用社，农户一旦有了信贷需求，信用社也应尽可能满足。如果是真正意义上的合作，广大农户成为信用合作的主体，相互之间的信息充分，监督成本低，加上合作者的金融需求一般具有金额小、周期短、频度大的特点，信用合作机构对这样的金融需求是容易满足的。而且真正的信用合作组织，也正是培养农村基层民主和自治精神的最好平台。社员代表大会和一人一票，让组织内的社员基于自身利益和社区共同利益的考虑，而珍视属于自己的投票权、监督权和执行权，这样既加强了对农村信用社的监督和管理，又增进了农户对农村金融机构、性质、服务、产品等方面的了解，进而引发农户种种现实和潜在的金融需求。推而广之，也同样有利于实行真正意义上的乡村民主政治，推行村民自治选举，进而推动乡村自治的实现。

（四）如何实施乡村自治

实施乡村自治，要注意处理好以下三个方面的关系。

1. 自治建设与政府扶持

按字面的意思来讲，村民或乡村自治与政府作用，似乎有些矛盾或者是距离。村民自治，有人理解为摆脱政府管理；而政府的扶持则会使村民自治患上对政府的依赖症。

这种担忧不能说没有一定的道理。特别是从我国不少地方的实践来看，情况

① 成功等：《让农民拥有自己的组织》，《南方周末》2006 年 9 月 28 日。

也确实如此。但是在我国，如果在推进村民自治的过程中，完全没有政府的作用恐怕也是一厢情愿。毕竟在我国，政府有大量的资源，而且事实上也是配置资源的主体。尽管中共十八大会议上提出要使市场在资源配置中起着决定性的作用，但至少目前的情况是政府依然掌握着配置资源的绝对权力。

在开始实施村民自治的时候，就需要有政府的扶助与支持。且这种扶助与支持主要表现在三个方面：一是在政策上，要制定一系列的政策措施，来鼓励村民自治性质的组织或机构的创建与成长，并且要在税收上优惠，财政上资助。二是在人才的培养和引进上，政府要大开方便之门，要鼓励那些学有专长的本地青年或外地青年到农村创业、定居和发展，使村民自治建立在人力资本的提升上，建立在经济实体的成长上。三是在农村基础设施的建设和投入上，政府要有步骤、有计划地供应与展开，为实施村民自治提供良好的外部环境。

但是政府对村民自治的扶助与支持只能是服务式的，而不应是管理式或者是行政干预式的。一旦村民自治稍具雏形，政府的作用就可慢慢淡出。或者此时乡村各种组织和实体就可逐步提供各种相应服务，来替代政府。此时政府的作用主要是为村民自治提供制度供给和基础设施，而不是事无巨细都事必躬亲。

同时，村民自治本身必须要有开明开放的乡村政治和文化环境，村民的文化和认知方面也应有相应的提升。在乡土社会熟人世界中，原有的血缘合作和地缘合作就应逐步过渡并发展到信用合作和契约合作。从而把传统乡村中原有的血缘合作和地缘合作，与现代乡村社会中所应有的信用合作和契约合作有机结合并融为一体。

2. 自治建设与农民组织

自治建设的主体固然是村民，但是如果村民是以一个个原子化的形式存在，自治一说无从谈起。要实施村民自治或者是乡村自治必须要有适当的形式把村民组织起来，而这种形式，最好是建立在一些经济组织或者是经济实体的基础上。同时把乡村已有的文化、习俗等传统社会中有利于村民抱团发展、互利共赢的内容结合进来，使村民在日常生产生活中既有物质上的保障，又有互助合作等精神上的温暖，这样村民自治或乡村自治建立在经济和人文都能兼顾和发展的基础上。

当前农村经济组织的发展还面临不少问题。从现象上看，大凡有利可图的，大家一哄而上特别是基层政府等权力机关，总想把这些置于自己的领导或管理之下；而对那些无利可图的或者带有公益性质的，往往说的人多，参与的人少，政府不能主动引导，最后导致发展不足，不能有效运行。另外，农村中各种组织的建设和运行，还缺少相应的人才特别是管理方面和技术方面的人才严重不足。当前还缺少一种制度或机制，让有一技之长的各种人才特别是毕业于高校的，下到农村基层去，承担相应的技术或管理工作。这样就使得农村基层的各种组织的建设和发展动力不足，缺乏后劲，难以支撑，缺少保障。

现有的农村组织大多围绕着农产品的生产、加工、运输、储存、流通与销售来进行，即围绕着从农产品生产到消费之间的链条来进行的。而在链条之间的配合与协调方面则呈明显落后和被动之势。链条之间一旦有的环节因缺少相应的人才、技术、资金，或者政策保证，会对下一链条造成较大影响。这时应该怎样协调、由谁协调、以什么方式协调就显得特别重要。这时就必须建立起相应的社会性组织。

原来大家都指望政府出面，等到政府出面往往已经滞后，既然是民间的自发组织，应该是通过市场机制来协调并解决相关问题。同时，鉴于农村各种组织运行过程中资金的问题往往是最经常发生的、也是最易发生的问题，这个时候作为连接农村各种组织的农村金融体系，也可作为协调农村经济和社会发展的主体，让其在农村各种组织的运行与发展中承担着重要的协调作用。

3. 自治建设与合作金融

如果说，当前我国的金融机构体系还有什么不足的话，那就是现有的金融机构大多是商业性的，而合作性和互助性的金融机构则严重不足。商业性金融机构注重的是效率优先，精力集中于业已功成名就的企业和个人，做的往往是锦上添花的事情。即使是处于商业性金融中规模最小的村镇银行，其业务也往往是“抓大放小”、“嫌贫爱富”①。而合作性金融和互助性金融，从正式金融组织来看，已经是芳踪难觅。农村信用合作社，尽管其所有制结构在设计之时就是按照合作制的原则来设计的，但遍布在全国各地的农村信用合作社网点，无论是经营方向还是业务性质，已是只见其信用而不见其合作，其合作性质已经是“有其形而无其实”②。正如前文引用过的专家指出的，“我国现有正式金融机构不具备合作金

① 聂伟柱：《村镇银行异化之路：变相跨区棋子》，《第一财经日报》2012 年 11 月 2 日。

② 谢平、徐忠、沈明高：《农村信用社改革绩效评价》，《金融研究》2006 年第 1 期。

融组织的基本特征，我国并不存在真正的合作金融组织。中国30年农村金融改革因合作金融组织的商业化经营导致合作理想的破灭”①。

真正意义上的合作金融，是实现人的联合，一人一票，共同议事等，是有利于村民自治精神的培育和发展的。尽管广大乡村中的村民合作精神，并没有罗斯代尔所说的那样富于理性与逻辑，但是也有自身的特色。合作金融的本义，是指金融的合作，即资金融通方面的合作。但是中国历史上，货币的发行与流通经常遭遇“紧缩”的状态，一旦在国家层面出现了通货紧缩，农村地区则表现更堪，广大乡村往往就陷入无钱可用的窘境。村民之间往往就缺少了资金方面的借贷往来，即乡村货币资金方面的资金融通也就鲜见，既然没有了金融，也就难觅合作金融了。难怪前文所述的，不少学者会认为中国缺少合作金融的土壤与环境。

但是货币资金方面的合作金融难觅，并不意味着我国就没有合作金融的土壤与存在。原因是，金融本身不能就囿于货币资金方面的融通，还应该包含物资方面的相互借贷与融通。从更深层次来讲，是人的联合与合作，是人的团结与互助。因而传统乡村社会在银根紧缩时，村民间的货币资金借贷虽不频繁，但是物资方面的互通有无却是日常行为，天天发生。尽管不是货币资金方面的借贷，只是实物方面的互通有无，却依然是一种合作与互助精神的体现。

而这种合作虽非金融合作却是物资合作。这种物资合作主要发生在改革开放前后货币供应紧张的时代，随着经济发展，货币发行与流通稍稍宽松，村民之间借物的越来越少，借钱的则越来越多，物资合作就过渡到金融合作了。现在随着汇回农村的劳务收入越来越多，村民最缺少的不是资金，而是信息和技术。常常在一起交流讨论的往往是做什么最赚钱、掌握什么样的技术最赚钱等，随着青壮年劳动力的大量外出，留守村民需要的是在信息和技术方面的合作和互助，而常见的合作形态，也表现为信息合作和技术合作。也就是说，农村里的合作精神一直都在，只不过在不同的时代所表现的形态不一样。如果说合作精神是酒，合作形态则是瓶，几十年来甚至是千百年来，瓶换了，酒却还是原来的酒。农村合作形态的变化如图5-4所示。

① 陆磊、丁俊峰：《中国农村合作金融转型的理论分析》，《金融研究》2006年第6期。

图 5-4　农村合作精神发展的不同形态

这些是难以反映到正式金融中的，难怪陆磊、丁俊峰所说的“我国现有正式金融机构不具备合作金融组织的基本特征”。但是在非正式金融方面，合作金融是一直存在且在乡村经济和社会中起到了重要作用的。正如前文案例所述，通过请客送礼等形式，村民之间的友情借贷、互助借贷、合作借贷一直都存在。只不过农村中现有的合作金融、互助金融，其实施的范围与规模受制于村民间的血缘关系、地缘关系，形成一定的差序格局，其合作互助的强度按血缘的亲疏和地缘的远近，在逐步递减①。

但由于农村非正式金融的资金规模和强度，难以满足乡村社会日益高涨的需求，因而如何发展并提高农村已有的合作金融和互助金融的规模与强度，使之日益满足村民在这方面的需求，已成当务之急。同时，鉴于农村正式金融在资金方面、制度方面、人力资源方面有着非正式金融不可比拟的优势，而农村非正式金融又有着正式金融不可比拟的信息、成本、灵活等方面的优势，能否形成一种机制或制度，使正式金融与非正式金融融合发展，如正式金融也可以在农村寻找自己的代理机构，下沉并拓展自己的业务，非正式金融亦可以挂靠到相应的正式金融机构下，接受正式金融的监督和管理，实现二者优势互补，取长补短，扬长避短呢？

---

① 李似鸿：《金融需求、金融供给与乡村自治》，《管理世界》2010 年第 1 期。

第六章　回顾与总结：以融合的视角来创新农村社会管理工作

一、当前农村金融正在发生的变化

农村金融正在发生一系列的变化，表现在资金供求关系、资金供求主体和资金流动方向等方面，尤其明显。

（一）资金供求关系的变化

如前所述，农村金融包括农村正式金融和农村非正式金融。正式金融是指取得国家或政府颁发的经营许可证的金融机构开展的金融活动；非正式金融则是指没有取得国家和政府颁发的经营许可证，却又在从事金融活动。本书中，非正式金融有三种类型：一是商业性金融，收取较高利息和一般利息水平，前者又叫高利贷，后者则只是一般性商业借贷行为；二是合作性和互助性金融，也叫友情借贷，一般发生在亲友之间的借贷行为；三是救助、捐赠、募集等，是资金的单向度运动。

农村正式金融的资金供求，首先在供应方面往往表现为双重的资金供应。第一重，广大农户为资金的供应方，他们在生产经营或经商打工中形成一定数量的收入，由于存在一系列的不确定性，如教育、医疗、婚嫁、养老等，不敢放开手脚消费甚至省吃俭用，形成一定的资金结余。由于没有好的投资渠道，他们往往把这些资金变成各金融机构的存款，形成资金的供应方。这一重资金供应往往有被迫、无奈、弱势的成分。而设立在农村中的各种金融机构，通过吸收上述资金再供应给农村各种资金的需求方，形成农村资金供应的第二重。这一重资金供应，尽管其供应的资金并非是自己的，但因其规模巨大，享有各种政策支持，在业务开展中又处于垄断地位，往往给人以强势之感，如掌握资金的专营权、议价权和发放权等。

在农村金融的需求方面，同样是双重的资金需求。第一重是信用社对农户存款的需求，这种需求往往容易满足，只需要有机构或网点设立，资金就会源源不断地从四面八方涌入，广大而零散的资金持有者似乎除了把钱存放到金融网点中，就没有更好的选择。第二重是农村资金短缺方对信用社贷款的需求，这一重的资金需求方的地位和势力显然要比第一重弱许多，为了满足放款人的条件，往往要花费不少的时间和精力，满足各种担保或抵押的要求，还有较高的利率。

农村正式金融的融资方式也在悄然发生变化：以间接金融为主，直接金融开始萌芽。各机构从广大农村吸引存款，是资金的需求方，把这些资金发放出去形成贷款，或是转存上级行，或是拆借出去，又是资金的供应方。但从笔者的调查和当前有些农村的情况来看，正式金融也有一些直接金融的形式，如不少金融机构开始在农村试办或请机构代办保险、债券、理财产品的销售和买卖工作，特别是这些年人寿保险类产品在农村开展的力度很大。但这种直接金融形式才刚刚起步，处于发展的初期。

从以上情况也可以发现农村金融网点中存贷比低下的原因，即资金供求间的多重博弈不对等、不均衡以及农村金融市场发育不完善、农户金融知识和金融能力缺失等。从笔者的调查情况来看，越是偏远、交通等基础设施落后的山区，金融机构存贷比越低，即吸收的存款余额远远大于所发放的贷款余额，金融机构往往是农村掌握资金余额最大、最强势的资金供应方和需求方，而金融机构之外的资金供应和需求方则相当弱势，特别是在政策了解和谈判能力上。

在经济发展较好的地区，手头有余款的人资金出路则比较多，尽管仍有一部分人选择到银行存款，但也有不少人选择把资金直接借贷给别人从事生产经营，或成为亲友和熟人间各种项目的集资款。相反，经济发展情况越落后的地方，由于各种经营或生产项目没有发展，农户暂时结余的资金越难投入再生产，更多选择到银行存款，因而那里的金融机构的吸储能力越强。由于经济发展程度不高，人们意识滞后以及难以找到或发现较好项目，特别是有文化、年纪轻、身体壮的农户大多外出，留村农民生产能力下降，金融需求往往处于被抑制中，金融机构的放款不多，存贷比极低。

在非正式金融中，一般来说，在改革开放初期，资金的富裕者往往形成资金的供给方，资金的不足者形成资金的需求方。资金的富裕者往往是农村中生产经营搞得较好的人，或者是有子女在外面做事，如在政府部门或效益较好的企事业单位，或者是在外打工，且拥有一定技术专长或管理能力的。资金的需求方往往是短期间急需资金的，如生老病死、婚嫁丧葬，也有放子女读书筹学费的、外出打工借盘缠的。融资形式上，从农村的实际情况来看，很长一段时间里，非正式金融更多的是一种直接金融，即资金的富裕者直接把资金借贷给资金的短缺方，很少有中间环节。

但是从笔者的跟踪调查来看，近 20 年来，情况在悄然变化，农村非正式金融形式中开始有了一些间接金融，即放贷者的资金未必都是自己的而是从其他途径借来的，再转手放给那些资金急需者。由于长时间负利率的出现，加上又没有其他投资渠道，不少低收入阶层的手上也积攒了一部分资金，尽管单户居民资金余额不大，但由于人口多、基数大，资金总量不少。这部分资金的持有者，既不甘心存到银行，又不敢到股市、房市上一搏，加上居住在农村，无论是在地理位置上还是在信息获取上都离股市和房市较远，又没有其他投资途径，有的乡村放贷者利用熟人身份或亲戚关系用比银行高得多的利率吸引，到这些人手上筹措资金，转手再以较高的利率贷放出去。还有一些人利用自身在农村较高的经济地位和社会地位，能轻松地从正式金融机构中借到较低利息的贷款，然后再以较高的利息转贷出去赚差价。

随着经济发展，在农村中从事种养加工的人越来越多，随着生产经营规模的扩大，生产中不时有短期资金缺口的且所需资金额度较大，由于种种原因不易从正式金融中获得，也会从非正式金融中筹措资金。还有一些就是当前不少农村地区，赌博风盛行，围绕着赌博场地，高利贷活跃，以日息 5% 发放贷款。另外，不少城镇房地产开发商，以较高利息到农村集资。还有一些互联网金融、P2P 等形式也开始盯上农村的资金。这些尚处于较隐蔽、小规模的状态，但由此可能引发的各种问题则不容小觑，正面临着如何去规范和管理的问题。

（二）资金供求主体的变化

农村金融中资金的供需双方，近年来也发生了一系列变化。如在改革开放初期，有一定数额资金结余往往是农村中生产经营搞得好的，是农村中的富裕农户或农村工商户，他们形成农村金融中的资金供给方，把钱直接借给资金短缺方，或把钱存入银行，成为农村金融机构吸收存款的主要来源。资金的需求方更多的是家里人多、刚性开支大，但又缺少挣钱技术或手段的农户，不得不从亲友或是金融机构中借钱用来周转生活、放子女读书、给家人看病等，也有是借钱建房子、买牲口、添置必需的生产工具等，或在春耕农忙时借钱买种子、肥料、农药等农用生产资料。简单来讲，那时候到银行存钱或有钱借出去的是富人，到银行或是从亲友处借钱的往往是穷人。

但是在近年来，随着农村经济有所发展，特别是家里有人在外打工，一般人家手头都有些余钱，他们因为没有好的投资渠道或因资金量太少形成不了初始投资，即资金的供应方往往是生产和生活并不是特别宽裕的一方，手头有余钱却因受制于关系、能力、技术的不足没有好的出路，同时因为家底较薄也承担不了较大的风险，不敢把这点钱轻易投放出去，往往把钱存入银行。从前文 8 家信用社的情况来看，存款户头多，户均存款在 2000 ~ 3000 多元，与全国人均几万元的存款水平差距极大。因为这部分人数量多，尽管单个家庭或农户的资金额不大，但汇总到一块往往成为农村金融机构主要的存款来源。

而到银行借钱或直接到广大农户中用较高利率募集资金的人，往往是有项目，或生产经营大户，形成一定规模的种养加专业户，或是在本地或外地投资办厂的人，或是投资修建小水电站，或开采小型煤矿、铁矿、钒矿、瓷土矿的矿主，县城一带房地产开发商在资金短缺时也会委托亲友到乡村来以较高的利率集资，等等。由于种种原因，或项目启动时还有一些资金缺口，或项目启动后周转不过来，急需资金，不得不到银行贷款或直接到村民处借款（集资）的。也就是说，农村金融供求中往往是穷人在存钱，是资金的供给方；而富人在借钱或贷款，是资金的需求方。近 10 年来，多次出现过长期的负利率，实则是穷人在补贴富人。

（三）资金供求方向的变化

从资金的流动方向来说，一是从外地流向本地，随着精壮劳动力纷纷外出打工，却又不得不把老人和小孩留在家乡，打工所得收入，寄回来供留守在老家的亲人过生活、受教育。这部分资金量最多，是农村基层金融机构最主要也是最重要的资金来源。二是从上层流向基层，如随着国家惠农政策的推广和深入，种粮直补、退耕还林、养猪大户补贴、购置农机农资补贴、家电下乡补贴等；农村养老工作启动后，年满 60 岁的老人每月均可按时领取养老金；农村医保工作启动后，各种疾病的住院费用报销等。国家支农资金不断流进农村基层，体现的是国家对“三农”的扶持和关切。三是从农村流向城市，不少外出打工办厂开店的，从农村贷款再带到外面去发展，还有不少村民尤其是年轻人到城市买房置业等，另外，农村金融机构也把大量存款转存拆借到上级行或外地。

当前农村资金流动和人口流动交错影响，出现了不少新情况。一是利益在村，人口不在村。即有些人在外面买了房子并且定居下来，但家里还有田地产业甚至是各种股份，每年回来1～2次，或清明回来扫墓，或过年回乡祭祖时，把当年（上年）利益结清；也有一些原本就是城镇人口，在乡村承包了林地、水面、茶园的，或者是入股了农村各种实业的，委托给他人经营管理，这些不同的实业经营的好坏与他们的收入息息相关。每月或者每年都有资金不断地从农村流出去。二是人口在村，利益不在村。有大量老人和孩子常年都在村子生活和学习，但生活来源却不在本村，靠出门在外的儿媳或爹妈寄钱回来；还有一些人在县城或外头有产业和股份，或早年在外工作如今退休回村生活，每月或每年都有资金从外头不断地流进来。同时，由于农村青壮劳动力的大量外流，农村中老弱妇幼越来越多，不少留村家庭已经没有生产能力，柴米油盐水果蔬菜完全靠市场解决，即现在不少农村家庭是居住在农村的不生产食物的食物消费者。三是人口和利益都不在村。主要是外出打工或创业后，在外头站住了脚，事业有成的人，这些人的社会关系等还有一部分在村，每逢年节也会回村祭祀祖宗、走访亲友。总之，种种情况的出现给农村金融服务提出了不少挑战。

二、以融合的视角打通农村金融“最后一公里”

农村正式金融，实质上是银行、证券和保险的综合体，既有商业性金融，还有政策性、合作性和互助性金融。而在当前农村正式金融中，只见银行，难觅证券和保险；只见商业性金融，难觅政策性、合作性和互助性金融。显然当前农村还没有形成机构健全、性质多样的金融体系。也就是说，农村的金融通道还显单一和单薄。

农村开展得最多的是寿险业务，农业保险开展得极少。农户期盼农业保险能下乡进村。无论是农、林、牧、副、渔，还是种、养、加等产业一旦生产风险和市场风险能被保险覆盖，农户开展活动就会心中有数，大胆投入，信用社在做信贷业务时也可胆子再大一些，步子再快一些，金额再多一些。不少信用社主任说，如果开办了农业保险，许多项目的风险降低之后，信贷资金就会相应跟进。"因为没有保险，许多可贷可不贷的项目一般都被否决"，上杭信用社主任说，"否则，信用社承担的风险太大了"。

即便是农村信用社，业务重点还是在县城，然后才是乡镇，很难下到村组和户上去。从第二章表2-4至表2-6就可以看出，尽管三县信用联社的存贷比分别是54.30%、53.51%和65.11%，高于全省县域金融机构50.53%的存贷比。但是，如果把在乡镇吸收存款却极少发放贷款（且往往只是在县城发放）的邮政储蓄的数据加进来，则存贷比仅为45.70%、35.85%和46.33%。若加上农业银行在乡镇网点的存贷数据则存贷比更低。

然而这些数据还是平均数，县城营业部、城区、近郊的存贷比大多在100%～200%或更高，基层乡镇、偏远乡镇的存贷比往往只有10%～20%多。可见农村金融正在把广大基层乡镇、偏远乡镇的资金源源不断地抽往县城、省城甚至是更繁华的地方使用。通往农村的金融管道更多的是从农村抽取资金，不少地方的农村基层金融机构往往起着一台台"抽水机"的作用，正把农村基层的资金源源不断地抽走。

尽管还有不少涉农金融机构在农村开展业务，但正如本书样本所述，农业银行只是在极少数经济发展较好的乡镇设立网点，且只用于吸收存款，较少发放贷款；村镇银行往往设立在县城成为某某银行在县城的分行，既不进镇更不进村，空有村镇之名①。邮政储蓄银行在乡镇的网点倒不少，但仍然是一家只吸收存款不发放贷款的"储蓄"网点；农业发展银行所做的业务，越来越商业化了，在乡镇的业务也是芳踪难觅。

---

①　另据聂伟柱2012年11月2日在《第一财经日报》撰文《村镇银行异化之路：变相跨区棋子》中说，"村镇银行政策的开闸始于2006年。当时，为解决农村地区银行业金融机构网点覆盖率低、金融供给不足、竞争不充分等问题，银监会下发了《关于调整放宽农村地区银行业金融机构准入政策更好支持社会主义新农村建设的若干意见》。行至目前，这一政策出台已5年有余。今年9月末，全国共组建村镇银行799家。据一位股份行人士称，成立村镇银行的初衷是为农户提供金融服务，但实际操作过程中，部分村镇银行主要以公司业务为主，单笔贷款往往较大。截至2012年6月末，全国已开业的村镇银行资产总额3190亿元，其中贷款余额1782亿元，农户贷款余额600亿元，小企业贷款余额841亿元。换句话说，农户贷款占贷款余额的比重仅为34%。另据媒体引述某省银监局相关负责人的话称，该省19家村镇银行开业以来累计发放小企业贷款29.89亿元，户均小企业贷款余额1083.08万元；累计发放农户贷款9.6亿元，户均农户贷款余额158.44万元。上述股份行人士还称，在客户的选择上，部分村镇银行存在'抓大放小，嫌贫爱富'的现象，放贷的主要对象多为相对优质的农业产业化龙头企业或中型企业。即使向农户发放贷款，也大多选择'企业+农户'的模式，要求必须有企业为农户提供担保"。

另外，在广大农村，金融服务也仅仅局限于存贷款业务上，信托、租赁、咨询、托管、代收代付、票据业务都还缺失。特别是用来规避农户市场风险的各种金融产品亟待开发或引进。如何借助金融手段来规避和转移农户从事种植业和养殖业中的生产风险和市场风险，从而既能保护广大农户从事生产的积极性和较稳定的收入水平，又能保持市场上农副产品的平稳供应，避免农副产品的市场价格“过山车”般的波动已成当务之急。

可见当前农村金融机构不多、功能单一、产品有限、服务不全、还没有形成包括全机构、宽领域、多产品、广覆盖、深服务的大金融体系，这正是造成农村金融服务特别是对农村基层的金融服务还不畅通的重要原因。那么，如何来完全打通这“最后一公里”呢？

（一）农村金融要熟悉“地方知识”

孟德拉斯说过，“农业是‘地方性的艺术’，任何进步，尽管在别处进行过实验，但仍需在每个地方经受检验，如果说不是需要在每块田地里经受检验的话。一种新事物要想顺利地进入具体的农业区域，首先要完全适应那儿的气候[①]。”“农业是一个与众不同的和独特的世界，想把在其他领域运用的规则和框框应用在它的身上是徒劳的”[②]。

斯科特在《国家的视角》一书中多次提到“国家知识”、“外部知识”和“地方知识”、“内部知识”。书中举例说，“如果从空中俯瞰那些还没有被严重破坏的中世纪城市或中东地区城市中的古老商业区，会发现它们看起来杂乱无章，整个城镇没有遵循一个全面抽象的形式，城市布局缺少一致的几何逻辑，但这并不意味着当地居民会被迷惑，城中的每一条道路都是当地人不断地走出来的，城中的大街小巷是最普通的人每天行走的地方。然而，第一次来的陌生人或商人几乎都会感到迷惑，因为它缺少使生人可以自己找到方向的、在各地被重复的抽象逻辑。即本地人熟悉并掌握着地方知识，而外来人只有外部知识，不谙地方知识。地方知识在空间上的作用就像那些难懂的方言在语言学上的作用一样，它使本地人可以交流，而不在本地长大、不会说本地方言的人却根本不懂”[③]。类似

---

①② H. 孟德拉斯，李培林译：《农民的终结》，社会科学文献出版社，2010 年。

③ 詹姆斯·斯科特，王晓毅译，胡搏校：《国家的视角》，社会科学文献出版社，2011 年。

的情况出现在《水浒传》中的祝家庄，江西乐安县流坑古村中，外人往往进来易，出去难。

书中还举了航海的例子。如在航海中，一般的航行知识与更具体的导航知识往往不一样，当大的货轮或客船进入主要港口的时候，船长一般将对船的控制权交给当地的导航员，他将船驶入港口的停泊处，当船离开时也会重复同样的过程，直到安全地进入航线。这样做可以减少不少事故和许多不必要的麻烦，这反映在大海中航行的是比较一般的知识，而在某个港口引导一艘船则是与环境联系紧密的具体知识①。

同样的情况也发生在开车到某个酒店（或餐厅、夜总会等地）时，到酒店门口时车主即把车子交给酒店的泊车员。这样做的好处是，车主未必清楚酒店泊车的地方在哪里、哪里还有车位等，而作为酒店的泊车员则是一清二楚，因为他具有本土技术知识（Indigenous Technical Knowledge）、民间智慧（Folk Wisdom）、实践技能（Practical Skills）。这样做的结果既节约了车主搜寻车位的时间和精力，又尽量减少了酒店门口拥堵的可能性以及车主自己开车时因为不熟悉情况而发生的剐撞。

当下我国不少农村信用社，正在发生着巨大的变革。在业务办理、产品开发、市场营销、服务手段特别是员工招录与培训越来越借鉴着国家商业银行的做法，遵循的也是国际上通行的规则和惯例。随着大量年纪较大的员工退休或离职，通过考试招聘引进了一大批高学历员工。这些新人经过了一系列的岗前培训走上工作岗位，到达农村信用社的一个个基层网点后，办理业务都严格遵循规定好了的业务流程。这些新员工懂得国家规章、上级规定、银行规则，掌握的是国家知识、外部知识、一般知识，甚至国际知识。

尽管这批新员工年轻、专业、形象靓丽，但往往不是本地人，一下子不能融入本地环境和文化中去，且有的还没有在此做长久的准备和打算。如新人讲的是普通话、用的是网络，平时忙在三尺柜头之内，一旦有空闲，因为本地没有熟人和亲戚，极少去走村串户，遇节假日大多返城去了。导致信用社机构和员工与属地乡镇，更不要说是村庄和农户越来越隔寞，不能接近甚至是了解熟悉广大农村的地方知识、内部知识、具体知识。

---

① 詹姆斯·斯科特，王晓毅译，胡搏校：《国家的视角》，社会科学文献出版社，2011 年。

而我国幅员广大，不同的乡镇和不同的风土有着不一样的地方知识、内部知识、本土知识或具体知识。农村基层信用社往往设立在中国农村最基层的乡镇一级，各个乡镇的情况又千差万别，不同的乡镇之间，语言、风俗、节庆、习惯都不一样。如果说在北方，地势平坦，来往方便，语言等方面的差异不太明显的话，在南方，山山水水，沟沟壑壑，山高水急，林深草密，人们往来不易，因而各地风俗、人文差异较大，特别是在语言上，往往是“五里不同音，十里不同言”。据《江西晨报》报道，江西省上饶县南部一个叫铁山乡的地方，就一乡九语，在这个小小的区域内，有铁山腔、汀州腔、麻山腔、建宁腔、广丰腔、田墩腔、广东腔、福建腔、官话共 9 种方言。即便是喝茶，不同的地方不同的人士，所喝之茶也是不一样的。有婺源茶、修水茶等。婺源茶中，忙人喝农家茶、闲人饮“文士茶”，新娘敬“新娘茶”……修水茶不叫喝，叫吃（cha）茶，茶中内容丰富，有茶叶、菊花、茶杏、生姜末、萝卜丁、橘子皮、芝麻、黄豆、炒米等，所谓“上不见底、下不见里”。一家过得是否殷实厚道，主妇是否贤惠能干，全在一碗茶里呈现。

生于斯长于斯的人，只要伸手接过茶水，即能大概知晓这户人家的基本情况，用溪口信用社的一位老信贷员的话说，他下到农户家，只要伸手接过这家主妇泡过的茶，就大体知道这户人家的日子过得怎么样、信用状况如何、该不该把放款程序继续进行下去，等等。如果茶碗干净、讲究，茶杯端在手上有分量，茶中内容丰富，如菊花丰盈、芝麻饱满、黄豆圆滚，腌制的姜末、橘皮、萝卜丁在沸水冲过后张弛有度，茶水中的香味直奔味蕾，说明了主人家男的勤劳（不勤劳没有这么多产出），女的贤惠（不贤惠茶水没有这么鲜香），日子过得有滋有味。这样的人家定是想着进一步把事情做好做实做细，只是暂时有点资金短缺，才找到信用社来的。一般情况下给这样的夫妇放款心里往往较踏实，资金一般会处在相对安全的环境中。

而这些，从外地进来的员工往往没有接触过，难以融入，自然一下子是很难了解这些地方知识、内部知识的。更不要说通过吃茶、交谈、观察来了解农户间家庭成员与结构情况，谁家有什么特长，有谁在哪里做什么事，一年当中有多少收入，收入来源，现金流最集中的时候与事件，等等，而贷款的发放特别是所谓的贷前调查、贷时审查、贷后检查，所做的实际上是对人的了解工作，是对借款人的人品、能力、资本的判断与识别工作。由于缺少内部知识，许多工作也就难以展开，表现在贷款的发放上也就难以进行下去。加上严格的贷款责任追究制度，现在不少农村金融机构特别是农村信用社，在农村也就成了一个吸收存款却不怎么发放贷款的金融储蓄机构了。

如果说在不少偏远乡镇特别是各种村庄，经济规模和社会组织都小，早期农村金融形式以非正式占主体，与村落经济、社会是对应的也是对称的，尽管缺少较紧密的正式金融服务，但农村金融供求矛盾似乎不太明显，供求紧张关系也不太突出，农户一旦有了资金需求，依赖亲戚、友邻、宗族关系，从非正式途径即可解决资金需求。

但随着农村经济、社会组织规模扩大（农村集镇化、商业化），原有农村金融特别是非正式金融的资金规模、组织能力、产品种类就不适应了，更不对称，得有正式金融的密切参与。这就要求能够形成一种机制或组织方法，把正式金融的国家知识、外部知识、一般知识，与农村当地经济和社会中所独有的地方知识、内部知识具体知识有机结合，二者之间做到能够相互借鉴、相互了解直到融会贯通，才能更好地促进农村金融与农村经济和社会全面深入、持续健康地发展。

（二）广大农户要了解“国家知识”

除上所述外，笔者认为，为了进一步做好国家知识与地方知识、外部知识与内部知识的对接工作，还应加强对在村农户金融知识和金融能力的培训和开发工作，让只掌握地方知识、内部知识、具体知识的农户熟悉相应的国家知识、外部知识、一般知识。

当下农村位置偏远的地方，年轻力壮、有些技术、文化水平稍好些的人大多外出打工，留在村里的是年纪较大、文化程度一般的，这些人很少与农村信用社打交道，在资金短缺时既想不到信用社，想到了也不知道该如何与信用社打交道。原来的农村信用合作社有些合作的影子，不少农户在信用社有股份，信用社在村队有代办点，代办点的业务人员也大多就是村里的人，平时天天见面相互知根知底，因而有些村民在资金短缺时往往首先就想到信用社，在所需金额不大且信用状况还好的情况下往往能迅速得到满足。而现在的农村信用社，缺少了合作的成分，村里既没有业务代办点，乡镇的信用社又离村组较远，对信用社员工大多不认识，相互间几乎没有交往，一般的农户在资金短缺时往往就想不到信用社。

但这并不意味着在广大农村就没有金融需求。由于劳动力大量且持续外出，留村农民耕种的土地面积在不断增加，不得不投入更多的物化劳动，要求使用更多的农药、化肥、机械，特别是农业生产中新的品种的广泛使用对农药、化肥的使用还有一定的依赖。其结果，如果保证农业生产面积不减、农业产量不降，在活劳动投入不断减少的情况下，必须投入更多的资金、技术。留村农户，由于没有外出打工收入，单个家庭的资金有限，必须仰仗借入资金。对金融的需求，无论是现实的还是潜在的都大大增加了①。

孟德拉斯说过，“农民（Paysans）按其字面上的本义是地方之人（Hummes du Pays），他们超越不了自己的土地的有限视野”②。为了使农户能及时、有效、充分地得到金融的支持，必须主动地熟悉并掌握金融方面的国家知识、外部知识、一般知识。把留村农户组织起来进行相应的金融知识培训和普及，就显得很有必要了。

首先，要在广大农户中普及金融基础知识，要让农民了解农村金融机构。如农村金融机构的性质、作用，熟悉银行业务，和银行打交道的手续和程序，应注意的各种事项。在贷款方面，从金融机构贷款与向私人借款有哪些不一样的地方，如何才能符合金融机构要求并取得所需要的贷款，贷款的使用应当如何接受金融机构的监督和管理，贷款偿还时要注意的事项。在当地农村，哪些项目是可以向金融机构申请贷款的，哪些项目是不能向金融机构申请贷款的；或者说，金融机构更愿意对什么样的项目发放贷款，不会对哪些项目发放贷款；如何才能与金融机构保持长期的合作共赢的关系等。此外，还要让农民了解相应的国家产业政策，特别是近年来国家支农惠农方面的政策，国家希望、鼓励农民做哪些，金融机构在这方面有哪些相应的跟进政策等。

其次，要提高广大农户的金融能力。金融能力是指农民通过与运用金融手段来开展生产增加收入提高生活水平的能力、增加或保值家庭财富的能力、分散转移或化解各种风险的能力等。理财、保险、养老等各种金融产品下乡，先就要让农民了然、熟悉，然后才是接受并使用。当前农村中农民手头有点余钱，其投向

---

① 李似鸿：《金融供给、金融需求与乡村自治》，《管理世界》2010 年第 1 期。

② H. 孟德拉斯，李培林译：《农民的终结》，社会科学文献出版社，2010 年。

相当狭窄，要么存到金融机构要么参与各种集资，前者利率太低甚至负利率，后者风险太高很可能血本无归。农户对一些能保值增值的金融产品的需求正越来越强烈。另外，针对农村形形色色的集资，该如何判断与应对，特别是如何识别那些“庞氏骗局”。农民对未来有相应的预期，该如何利用金融手段来进行管理和维护，等等。

如果农民有了相应的金融知识和金融能力，就可以参与相应的金融事务了，就能够主动参与到农村金融机构的各种金融活动和金融事务中去，参与设计金融产品，融入各种金融管理中去，使农民能够充分利用金融工具和金融手段来发展自己，金融机构又能通过农民的发展来发展金融机构，从而使农户与农村金融之间实现双赢。

最后，要涉及上述工作由谁来做的问题。最好的办法是在金融实践中，设计出能让绝大多数农户参与进来的金融产品，让农户在参与金融事务中了解金融、熟悉金融并最终提高金融能力，即让农户“在游泳中学会游泳”。另外，所有涉农金融机构，在农村吸收了巨量廉价的资金，而向农村投放的信贷资金却极其有限，现在就应当既有必要也有义务在农村开展金融知识普及、满足农户对金融业务的咨询。所谓有必要，是指相对于农村，城市的金融竞争已经很充分了，市场份额、客户维护、产品拓展的难度越来越大；而相对于城市，农村的金融市场特别是偏远农村几乎还是一块处女地，无论是从市场开发、培养潜在的客户群、挖掘金融产品和服务市场，对于任何一家涉农金融机构都有必要。农村金融市场，已经到了从金融机构的柜头走出来，向广大农村的田间地头，走进广大农户的桌边炕头的时候了。

回归到农村信用社的合作性质，把农户组织起来，基于金融是一种资源更是一种权利的认识。当今社会，无论城乡，金融机构几乎包罗了所有的资金进出，越来越具有公共产品和基础设施的特性，因而，能否向农户提供均等化、普惠式金融服务，已经成了一个国家或地区生活和生产是否方便，经济和社会发展是否和谐并可持续的前提条件。

（三）如何降低农村金融的“固定成本”

Banerjee 和 Duflo 认为，为了降低借款人的违约成本，贷款人在发放贷款之前，必须做大量细致而翔实的调查。在尽职调查成本中，有一部分成本是固定的，是一定要发生的，不可或缺的，并不一定与贷款金额成正比，因为关于借款人的很多基本资料的收集成本都是固定的，与贷款金额无关。这些固定的贷款管理成本可以解释为什么小额信贷的利率往往较高，为什么不同的借款人之间的利率可能会相差很大，并且穷人往往需要承担较高的利率。[①]

从上述观点出发，如果能形成一种机制，使农村金融机构能以极低成本就自然而然地了解到所需信息，不就可以降低或避免支付因收集信息而必须付出的固定成本吗？

机制之一，要使农村金融机构所拥有的国家知识、外部知识、一般知识与乡村中的地方知识、内部知识、具体知识全面对接和有机交汇。从金融机构来讲，这就要求农村金融工作不仅仅只是吸收存款和发放贷款，还应该全面参与农村经济和社会中的各种过程和活动，金融机构的工作人员不仅是村民的理财师，还应是村务顾问和冲突的调解者。这些工作，只有金融工作人员可能是不够的，还应该有乡村其他部门的参与和协调。同时，所开展的也不应该仅仅是金融工作，还应把农村的经济发展、社会管理、人力资本提升结合起来。在农业生产中，投资计划应该与技术推广、市场评估、风险防范、培训咨询等多方面结合起来。既要把农村金融工作全面融入农村经济和农村社会中去，农村经济和社会的全面发展又不仅仅依靠农村金融一家的力量，还要有相应的合作互助组织和其他服务手段，多方联动，多方跟进，做到资源和信息共享。

机制之二，农村金融本身要实施更多的业务创新和管理创新工作。如在信贷中的贷前调查、贷时审查、贷后检查工作中，能否吸收一部分掌握了当地经济和社会信息的人加入其中？在农村，掌握并拥有地方知识、内部知识的往往是那些生于斯长于斯的本地人。但本地人即使知道乡村中哪些人是人品好、信用意识强、有生产经营能力，是不错的放贷对象，要么是因为穷，手头没有资金，没有能力发放贷款；要么即使手上有钱或能够从别处筹集到资金，由于没有许可证，也没有资格放款。

而农村金融机构特别是农村信用社的员工，有资金、有放款资格，但由于不能识别众多贷款申请人中哪些人的品行、信用和能力突出，往往放不出款，形成所谓的“惜贷”。或者是即使把贷款放出去了，但因缺少了解，不得不付出较高

---

① Abhijit Banerjee、Esther Duflo：《将贷款发放给应得之人》，《比较》2010 年第 3 期。

的调查费用、较高的审查担保费用，造成贷款利率较高，使得那些风险较低但平均收益也较低的项目——这些项目也正是广大农户最常态、最一般且数量也最多的项目——往往被正式金融排除在外。这样那些被正式金融选择的项目，尽管收益较高，往往也是风险最大的，常常因经营不成功引发违约风险，这就是所谓的逆向选择，这也是农村存贷比为何越来越低的重要原因。

笔者总是固执地认为，当前农村金融市场中，打通农村金融“最后一公里”的关键之一是，让合适的人去做适合的事。即当前农村金融中出现的问题是，贷款发放权错配，没有掌握信息的人掌握了贷款的发放权，掌握了信息的人却既无贷款实力又无贷款权力。显然解决的办法就是让掌握信息的人参与到贷款的发放、管理和回收工作中去。

如果在农村金融中能形成这样的一些机制，就能降低农村信贷中的固定成本，那么认为农村信贷特别是农村小额信贷一定要有较高的利率才能生存下去的想法，就会发生根本性的改变，农民也能申请得到较低利率的贷款，并享受其他低成本的多样化的金融服务。

（四）农村金融要“雪中送炭”

不少人认为，金融在居民、厂商和社会的财富积累过程中有着极大的作用，但这种作用往往更多的是用于富人身上，很难用于穷人处，即金融往往更愿意“锦上添花”而不愿意“雪中送炭”[①]。金融运行的结果往往是让“富者越富、穷者越穷”[②]。即民间所说的，“银行大门开，无钱莫进来”。

鉴于信用社设于农村乡镇的机构，是中国农村最基层的金融机构，服务的区域中包含着大部分尚处于贫困或刚刚解决温饱的人口。特别是按 2011 年提高后的贫困标准（农村居民家庭人均纯收入 2300 元人民币/年），中国还有 1.28 亿的贫困人口，且这些贫困人口绝大多数生活在农村的实际情况[③]。如何通过金融的扶持使这些人口增加收入进入可持续生产和发展的状态？曾康霖认为，“要培育金融资源，利用金融手段，扶助弱势群体，推动贫困落后地区发展，让他们分享

① 曾康霖：《再论扶贫性金融》，《金融研究》2007 年第 3 期。

② 林毅夫：《中国当前经济的主要问题与出路》，《经济学消息报》2007 年 6 月 8 日。

③ 中国科学院《2012 中国可持续发展战略报告》，http：//www. chinanews. com/gn/2012/03 – 12/3737442. shtml。

经济金融发展、改革、开放的成果"①。

当前正在形成一轮土地集中的趋势，广大农村中的贫困人口往往处于弱势地位，迫切需要借助金融的手段早日摆脱不利地位。宋亚平在《南方周末》载文说，截至2010年底，全国土地流转面积达到1.85亿亩，占家庭承包耕地面积的14.7%。作者认为大农业不是中国发展的唯一模式，在中国，家庭承包经营的小生产方式目前仍然还是最重要的就业领域。据农业部统计，以植棉为主业的农村劳动力约5292万人，以种粮为主业的农村劳动力约14726万人，占到全国农村劳动力的一多半。这样庞大的农民队伍主要通过在碎片化的一块块承包责任土地上的精耕细作，来获取较高的单位产出率，从而保障全家人基本的生活水平与生活质量。如果全国一盘棋，都搞大农业、大投入，只让极少的人搞农业，这些人的就业和生计就会出大问题②。

宋亚平认为，应当借鉴日本、韩国、以色列、中国台湾等国家和地区的经验，那里现代农业也相当发达，甚至可与美国农业"叫板"。这些国家与地区和中国大陆一样，普遍存在人多地少的尖锐矛盾，属于耕地资源严重短缺的类型。他们在培育现代农业的过程中，并没有选择西方特别是美国的那种"土地大集中、资本大投入、装备高科技、企业式管理"的模式，而是把着力点放在大力发展先进的生物科技和小型机械上，并紧密围绕农业生产在产前、产中、产后各个环节和农村社会生活各个方面的需求，建立起一整套完善的社会化服务体系，充分鼓励农民开展家庭经营式的精耕细作，从而大幅提高土地产出率，以保障农民收入与居民收入始终处在相对平衡的水平上。他以我国台湾地区南投县信义乡为例，当地不支持农村土地向大户和企业集中，即使有足够的理由，也不能超过30亩③。

早在100多年前，希法亭在其《金融资本》一书中就说过，"工业摧毁了农民的家庭劳动，把基本上自给自足的农民经济变成依赖市场销售的纯粹的农业企业。这种转变是以农民的巨大牺牲为代价的。因此，农民敌视工业的发展。但是，在现代社会中，农民仅仅是一个没有活动能力的阶级。没有地区之间的联系，与城市文化隔绝，视野局限于最狭隘的地方利益之上，使农民所能进行的政

① 曾康霖：《再论扶贫性金融》，《金融研究》2007年第3期。

②③ 宋亚平：《规模经营是农业现代化的必由之路吗》，《南方周末》2012年9月16日。

治活动都仅仅是追随其他的阶级。然而，在资本主义发展初期，农民恰恰同农村中具有最强的活动能力的阶级即大土地所有者相对立。大土地所有者能从工业发展中获得直接的利益。[①]”如果任由金融资本在农村联强弃弱，最终，通过金融资本“与大土地所有者的结合，极大地增强了金融资本支配国家政权的力量。它与大土地所有者一起赢得了领导阶层的地位，从而在大多数问题上赢得了一般农村。[②]”

当前农村金融工作特别是农村基层金融工作，要建立普惠金融理念，要实行均等化服务，即金融在服务于全体公民的同时，更应注重服务于广大在经济和社会中暂时处于弱势的群体，提高农村金融的覆盖率和普及率，使广大农村的经济和社会发展与全国水平基本保持一致，最终使全社会得以均衡发展，这是经济和社会和谐、可持续发展的重要基础。作为扎根并服务于“三农”的农村信用社特别是基层信用社，实质上是散布在广大农村地域范围中的一个个微小金融机构，通过一笔笔小额信贷，提供一次次小型金融服务，把一家家小型农户发展起来，由此形成的合力、提供的全部农副产品、创造的种种经济效益和社会效益是极其巨大的。基层信用社所服务的对象，实实在在是当今社会中比较穷困也比较弱势的农户，如果能顺畅扎实地把对“三农”的金融服务工作做好，服务好农村中相对穷困的人口和家庭，使金融服务这一权利让绝大多数人都能享有，在满足社会需要的同时还能实现自己的利润要求，则功德无量，善莫大焉。

农村里，一旦形成了大的产业，则必然会要求有相应的大的金融服务，那么，大的金融也就会自然而然地进入农村，与大产业一起，形成规模优势。我国地域广大，大农业与小农业可以并存不悖，特别是在那些不宜发展大农业的地方。因而，当前的农村信用社，尤其是基层信用社，要利用各种小型甚至是精巧的金融工具和金融服务，面向农村中低收入群体，形成一种互助、合作的联合态势，组建、组织各种合作社、互助社。面向市场，利益共享，风险分担，形成农村小型金融机构。通过小额信贷，一对一和点对点的金融服务，与农户或农户组织形成联盟。在广大农村形成经济上可持续、社会上能发展、生活上能满意的合作互助共赢模式。即在金融服务上，既要支持大农业，又不能漠视小农

①② 鲁道夫·希法亭，福民等译：《金融资本》，商务印书馆，2007 年。

业，更不能通过支持大农业来打压小农业。探索出一种机制来支持农村金融服务小农业，使一些富有特色并传承历史与文化的小农业在经济和社会等方面都能可持续发展，以抵御大资本下乡后生产资料高度集中、贫富高度分化的寡头资本模式。

举例来说，随着农村规模化养殖业的发展，如规模养猪，散布于农村千山万壑、千村万户的生猪散养正在减少甚至是消失。其影响是多方面、宽领域、深程度的，既有经济上的，也有文化上的和社会上的；所造成的变化，既有生产上的，也有生活上的；既有生产模式的改变，也有生活方式的转变，还有习俗和传承的嬗变。基于此，能否在发展生猪规模养殖的同时，适度保护传统的家庭养殖，并尽可能地使二者和谐共存，并满足人们在需求方面的差异性。

关于生猪规模养殖后造成散养户越来越少，对农村的变化具体如下。一是加大了生猪供应的市场风险。尽管散养户每家只养一两头、两三头生猪，但由于散养户多，总的存栏量不少，陆续且分散出栏上市，对整个农村猪肉市场的平稳和平衡供应，起了相当大的作用，通过政策和补贴把规模养猪场扶持做大后，散养户几乎就没有了生存空间。亿万人口的吃肉大事全都寄托于养猪大户上，所造成并面对的市场风险，就好比成千上万个池塘消失后仅仅依靠几家大水库来防洪蓄洪一样。二是乡村农户重要的收入来源之一没有了。尤其是不少山区农户，只要圈里有一两头肥猪，那就等于在银行里有了一笔存款，无论是小孩上学还是老人看病，或者是买个大件如添置电器心里就有底，做事就更有预见性了，规模养殖之后，散养户失去了养殖的空间，也就没有了相应的收入来源，如果一时之间又没有可供替代的项目，会造成不少家庭陷入因没有收入来源生活无着落的境地。三是千千万万个可供就业的岗位消失了。散养户中，养猪的往往是年纪偏大的中老年农户，或不能外出打工只能在家看护孩子的中老年妇女，往往没有其他更好的事情做，劳动的机会成本低。因为养猪，不仅有事可做，保证了有一定的时间必须待在家里，而且情绪和心有个可供寄托之地；不养猪后，又没有其他事情替代，无所事事之余，往往把更多时间耗在闲话、赌博等事情上，这也是农村社会风气日下的原因之一。四是农村生猪散养户大量消失之后，农户间原本用来养猪的材料，只能弃置，无形中的浪费增大了。如剩饭剩菜，粮食和蔬菜瓜果作物中的残次品及青鲜的茎、根、叶等不得不倒掉、遗弃。笔者这几年回乡村过年时，常常看到田头地边被倒掉的剩饭剩菜，被遗弃、焚烧的秸秆藤蔓等，不少老人看了纷纷摇头，既可惜，又无奈。这样下去，既浪费了东西，又影响了风气。五是生猪散养户消失后，意味着散布于千千万万乡村间的不同种类的猪的品种也将走向终结。就如几千年以来千千万万乡村间传承下来千千万万的粮食、蔬菜品种在杂交高产、大棚种植等形式推广后纷纷走向消亡，几千年以来，不同乡村间繁衍着不同品种的生猪，随着散养户的消失定将走向终结，不同品种所带来的不同口味，由此产生的不同的感受以及由此而产生的不同的乡村记忆，都将不再。六是散养形式消失后，不仅在农村过年时再无“年猪”可宰，就是在平时也吃不上“土”猪肉了。过年时杀年猪、打豆腐、酿酒、做米果等风俗在农村沿续了几千年，农户不再家家养猪，这一风俗也就到此为止了，年味日渐消失，乡愁开始无处寄托；即便是平时，吃“土”猪肉往往成为人们依恋乡村和牵挂亲人的象征。散养户的减少和消失实则是乡土文化在隐退和消失中。在传统农家，圈里有猪特别是肥猪往往是生活富裕、诸事顺利、和美福气的象征。七是生猪散养户消失后，作为农家肥最重要的来源也就没有了。“庄稼一枝花，全靠肥当家”，这个“肥”的本来含义即是农家肥。养猪产生的农家肥用来做庄稼之肥，既经济方便，肥力又好，浇灌出来的庄稼特别是蔬菜瓜果才是真正的绿色有机，香甜爽口。如今不少地方，因为没有了猪粪，全靠化肥，而化肥催大的蔬菜瓜果又容易招惹病虫害，又不得不大量使用农药。这样的粮食、蔬菜全都没有了原来的口味。不少农家菜园因为没有了农家肥而陷入粗疏甚至是荒芜的状态。可以说，随着生猪散养户的消失，代表着一种生态、环保、精耕细作的、延续了几千年的耕作方式的终结。

（五）农村金融不是唯一重要的①

打通农村金融服务“最后一公里”，自然要充分发挥农村金融的作用，但不能局限于农村金融本身。农村经济和社会的发展，除农村金融外，还要有其他步骤和措施同步跟进。比如，加快公共产品的城乡一体化建设，在城乡间实施公共服务均等化，解除农户在教育、医疗、养老等方面的后顾之忧，同时利用 WTO 中的“绿箱”、“黄箱”政策，加大对农业基础设施建设的投入，提供更优质的涉农服务和技术支持，就能极大地降低农户生产和生活的成本，也就

① 陈雨露：《中国农村金融发展的五个核心问题》，《中国金融》2010 年第 19 ~20 期。

能大大提高农业生产的效率，更能充分发挥农村金融对农村经济、农业生产和农民增收的促进和支持作用，农村金融服务这一“通道”才会更加畅通，更有效率。

当前不少文章呼吁要在农村实行土地确权，明确农民对土地等生产要素的所有权或使用权，土地确权之后，更要保护好农民的各种权利，既包括财产权利，还包括政治权利。正如索托在《资本的秘密》一书中说道，在世界不少国家和地区，人们往往缺乏运用资本的能力，怎样才能使一国公民创造出资本，首先就要有正规的所有权制度。他指出所有权制度能产生6种效应：即确定资产的经济潜能、将分散的信息纳入一种制度、建立责任和信用体系、使资产具有可交换性、建立人际关系网络、保护交易①。

在农村，同时还要有渐进的政治改革，通过落实民主选举、村民自治等权利，培养并强化农村居民的公民意识，使农民拥有参与制定分配规则的权利，享有公共领域的发言权，避免农民“民主参与能力削弱，公民与国家权力之间距离过大”②。如果这些必要的改革能及时跟进，农村金融就能更好地发挥作用，农村金融和农村经济、社会、政治保持同步发展，就能相互促进并共同提高，这样农村金融服务作为一个“通道”就能及时沟通甚至是拉近广大农民与国家和政府间的距离，让农民觉得自己与外部世界的心里距离远没有因为地方偏僻和居住分散而产生的空间距离那么遥远。

三、能否通过金融自治来实现乡村自治

（一）金融自治的缘起

麦金农（Ronald Mcknnon）在《经济发展中的货币与资本》一书中说过，“无论是农村还是城镇地区，在扩大有组织的金融业向本国的企业家发放小规模贷款的作用方面，看来没有其他更节约的替代办法。然而，有组织金融业的活动

① 索托：《资本的秘密》，华夏出版社，2007年。

② 汪晖、陈燕谷：《文化与公共性》，生活·读书·新知三联书店，1998年。

并不是不花钱的。银行信贷官员需要详尽的信息，这些可能是很昂贵的，风险是很大的，而可靠的担保品往往很难得到。事实上，可以预料要取代组织良好的放债人的服务，代价是很大的。”再引用查理·尼斯勃在《智利农村的非正式信贷市场的利率和不完全竞争》一文的话说“放债人和乡村店主对借款人的情况是相当了解的。他（放债人）知道借款人土地的规模、牲畜的数量、上一年的农产量、未清偿的债务、经营才能的程度等。由于居民在日常生活和经济交往中往往是互相依赖的，对本地区内的大多数人来讲，这些情况是彼此熟悉的；这些非正式商业放款人将他们的放款业务进行分类，尽量收集目前所有的情报，以使风险最小”。①

这也就是说，Banerjee 和 Duflo 在《将贷款发放给应得之人》一文中所再三强调的“固定成本”，在正式金融机构那里是很难克服的，因而造成正式金融，尤其是商业性大金融机构，不愿意涉足农村金融领域；而农村信用社等正式金融机构，在从事农村金融活动时，因为固定成本，所收取的利息要远远高于一般商业性金融机构在城市的水平。农业在生产过程中要面临自然风险，在销售环节又要遭受市场风险和其他突发性事件的影响。自然风险和市场风险叠加造成了农业生产的弱质性，严重影响农业生产的收益。这样，农业生产就面临借贷成本高而生产收益低的局面，使得从事农业生产的人日益贫困化。这也是当前不少地区对农业的投入越来越少，不少地区日益萧条和破败的重要原因。

如何降低农村信贷中的“固定成本”，建构相对低成本的农村金融服务体系呢？

从前面的案例中可知，农村信用社原本在各个村组聘请了大量业务员，业务员在村庄土生土长，熟悉当地情况，正好用来帮助信用社吸收存款和发放贷款，这样就极大地降低了信用社在贷前调查、贷时审查、贷后检查和贷款清收时的大量成本（即固定成本）。这也是正式金融学习吸收非正式金融优点的成功做法，也正是农村信用社在20世纪末能够以较低成本，支持农村经济和社会发展的重要原因。21世纪初，新劳动法颁布后，由于信用社没有能力按新法将这批业务代办员，在聘用满了若干年后全部转为正式工，不得不撤销所有的驻村组的业务代办点，除了极少数优秀业务代办员通过考试转为正式员工外，其他的都被清

① 麦金农，卢骢译：《经济发展中的货币与资本》，上海三联书店，1988年。

退。这正是这些年农村信用社，存款吸收越来越多，而贷款发放越来越低的重要原因；也是本书调查中，修水、南城、永丰等县存贷比极低的原因。

要化解这种困境，就要求农村金融的网点设置、服务地点、产品开发，下沉到村组中去，在村组一级恢复设置业务代办点，聘用业务代办员。正如笔者曾说过，“农户贷款的特点是贷前调查不易、贷款金额小、居住分散、清收成本高，收贷时不便于起诉或采取强硬措施，坐于柜头内的正式职工往往不愿意发放，包片业务员则生于斯长于斯，正好弥补上述不足，在稔熟的环境里走村串户，十分方便。这种形式，实际上是农村信用社在委托农民自己办金融。这就是自助金融——或叫金融自助，甚至是金融自治的形态”。

“农业银行营业所、邮政储蓄银行、村镇银行，还有农业保险业务，都可以到农村社区中寻找合适的业务代办员，从而使正式金融的资金优势、信用保障同非正式金融的信息充分、监督得力、成本低廉等有机地结合起来。这种自助式金融服务实际上就是现场版的金融教育（Financial Education）制度，在全面提高农户的金融素养（Financial Literacy），使之达到金融毕业（Financial Graduation），并最终使农户自己办金融，在农村实行金融自治（Finance Autonomy）方面起着重要作用。”①

（二）乡村的存款结构

表6-1是本书课题组在修水县溪口、大椿、西港、马坳、渣津、大桥、上杉、上杭8家乡镇信用社调研所获得的存款数据。

在溪口信用社当时的7229万元存款中，绝大部分存款由存款余额5万元以下构成，其次是5万~10万元的，10万元以上的则不多，最大的一笔存款是50万元，一位外出打工的父亲因工致死后，工厂给付的死亡赔偿金和抚恤费，信用社上门争取来的存款。其他7家信用社的存款构成也大体差不多，单笔存款金额最大的出现在渣津镇信用社，200万元，是镇上一项重点工程的暂存款。同时，课题组在其他县市、乡镇信用社调查所获得的数据大同小异。由于涉及存款的具体笔数和具体金额，在一定时间内，属于银行保密资料和数据，不能外流，故在当时难以做进一步详细的统计和分析。

---

① 李似鸿：《金融需求、金融供给与乡村自治》，《管理世界》2010年第1期。

表 6－1　8 家乡镇信用社存款情况

乡镇	人口（万人）	存款（万元）	定期存款（万元）	活期存款（万元）	人均存款（元）	单笔最大金额（万元）	存款分布	
							区间（万元）	占比（%）
大椿	1.89	5948	2870	3078	3147	10	1～5	70
溪口	3.56	7229	3614	3615	2030	50	1～5	95
西港	2.45	6863	—	—	2801	—	1～5	65
马坳	3.80	11791	7550	4241	3103	40	1～10	80
渣津	4.00	14050	5550	8500	3513	200	1～10	70
大桥	5.00	7181	3500	3681	1436	50	1～10	65
上杉	1.23	3278	1400	1678	2665	10	1～5	85
杭口	2.30	6062	4500	1562	2635	40	1～5	70

注：渣津、大桥两镇除了农信社外，还有农行、邮储等金融网点。人口数量仅是调查所得，不是官方发布数据，定活存款按信用社主任提供的百分比估算。

总体来讲，乡镇信用社存款户多，但每户存款的金额不大。如大椿 5948 万元的存款里，原有 4000 多个户头，近年来又增加了种粮直补户 2400 多个，年满 60 岁后国家发放养老金账户 1400 多个；后两种账户，在每一个乡镇信用社都增加较多，也是近年来信用社柜头业务繁忙的主要原因。如在溪口 7000 多万元存款余额中，有存款户 1.2 万个，每个存款户头平均存款为 6000 元，其中个体工商户有 400 多户，种田直补有 7200 多户，60 岁以上的养老金发放账户原有 2560 多个，当年因为老年夫妻不能共用一个折子又新增了近 2000 户。种田直补和养老金发放的户头数量多，有 1 万户。在西港，种田直补是 3000 多户，养老金账户原来也是 3000 多户，现在要求夫妻间一人一户，也新增了近 3000 户。在渣津 1.4 亿元的存款余额有户头近 3 万个，平均每个存款户的余额不足 5000 元。其他的乡镇信用社也差不多，账户多，账户平均存款余额较低。

从存款余额的构成来看，单笔存款余额在 10 万元以上的占总存款总量的比例很低，单笔存款在 5 万元及以下的占大多数，存款金额占存款总量的比例如图 6－1 所示。

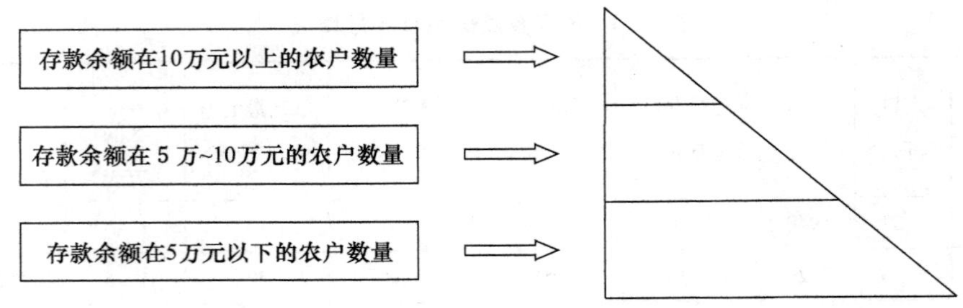

图 6－1　不同存款余额的农户数量占农户总数的比例

对上面各乡镇存款明细情况进一步深入调查，笔者发现，尽管这些年，外出开店办厂的农户越来越多，积累的财富也逐年增加，但这些农户在信用社的存款却不多，而在信用社存款最多的恰恰是农村中那些中低收入农户。具体情况如图 6－2 所示。

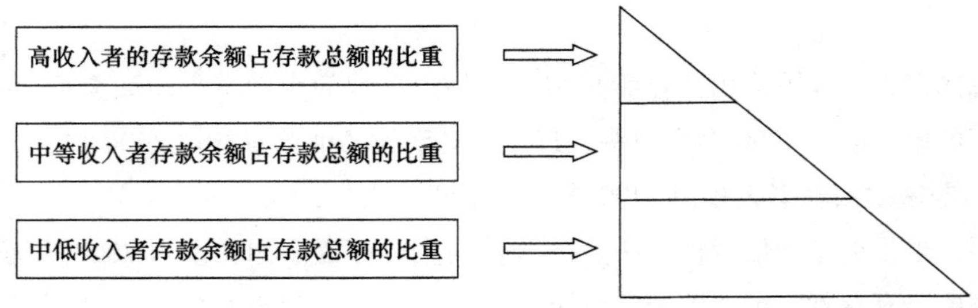

图 6－2　不同收入者的存款余额占存款总量的比例

（三）乡村的贷款结构

农村信用社的贷款结构如何？贷款发放到了什么人手上，每笔业务的金额如何，及其在总贷款投放中的比例等，根据调查所得，具体贷款投放如表 6－2 所示。

大椿信用社发放的 1200 多万元贷款中，发放给种植户、养殖户、加工户的贷款 300 多万元；发放给个体工商户有 270 多万元，其中有 100 多万元是跨省贷款；发放给农户建房子的有近 400 万元，发放助学贷款有 100 多万元。这些并非国家助学贷款，大多是发放给有小孩读大学的人家，也有一小部分发放

给读高中的，利率较高，期限1年以内，申请贷款的，通常是在大学没有获得国家助学贷款的寒门学子。所谓跨省贷款，是指有不少人在深圳加工生产电子产品、在温州生产鞋子、在广东生产手袋、在山东河北生产编织袋、在上海开店等，这些人出外创业，但难以在当地融资，只有到家乡贷款。一般是年初出门时贷款，年底回家过年时偿还本金和利息，第二年出门时再借。到目前为止还没有不良记录。

表6-2　8家乡镇信用社贷款情况

乡镇	贷款（万元）	存贷比（%）	新增贷款（万元）	不良贷款（万元）	比年初增减（万元）	不良率（%）
大椿	1230	20.68	160	15	1.32	1.22
溪口	2583	35.73	525	52	52.32	2.01
西港	3022	44.03	432	275	-16.01	9.10
马坳	3056	25.92	650	422	-40.58	13.80
渣津	7402	52.68	857	405	24.95	5.47
大桥	4235	58.98	733	313	-24.02	7.39
上杉	1835	55.98	259	93	3.55	5.07
杭口	1873	30.90	226	200	5.80	10.68

溪口信用社的2600万元贷款中，共有贷款户780户，贷款用于建房子的有200万元，结婚的有150万元，用在个体工商户的有800万元，用于种、养、加的有700万元。种的项目有吊瓜、西瓜、果树、茶园、油茶树等，养的项目主要是养羊、养猪、养牛、养牛蛙、养蜈蚣等。跨省贷款达30%，有800万元左右主要是到河北永年、浙江温州等地打螺丝螺帽，到宁波做水龙头，到广东花都做手袋等；还有少量用于看病上学的。

渣津镇的7400多万元的贷款中，共有贷款户1500多户，其中信用贷款占60%，担保和抵押贷款占40%；单笔贷款金额在5万元以下的小额贷款占85%，有6000多万元；单笔在5万元以上的有1000多万元。具体投向为，用在读书方面的有50万元，建屋500万元；用在个体工商户、开店、种养等方面则占到总贷款的50%以上。本镇工商户有300多户，从信用社贷款1800多万元。另外，还有异地贷款800万元左右，这些贷款除了用于上面各地从事相同的生产外，还有一部分是到温州开锁厂。

西港信用社的贷款有3000万元，其中用在蚕桑、吊瓜、做油豆腐方面占30%，约900万元；本地特色种养业400万元；异地贷款1200万元；对镇上150多位个体工商户发放了600多万元的贷款。异地贷款主要用于村民外出到河北、浙江等地打螺丝螺帽、生产水龙头、做鞋，到广东顺德等地做家私等。马坳镇信用社的情况与西港大同小异，只是异地贷款中更多的是被村民带到浙江义乌的。还有一小部分用于居民生活临时周转。

上面各家信用社的贷款投向与结构，如图6－3所示。

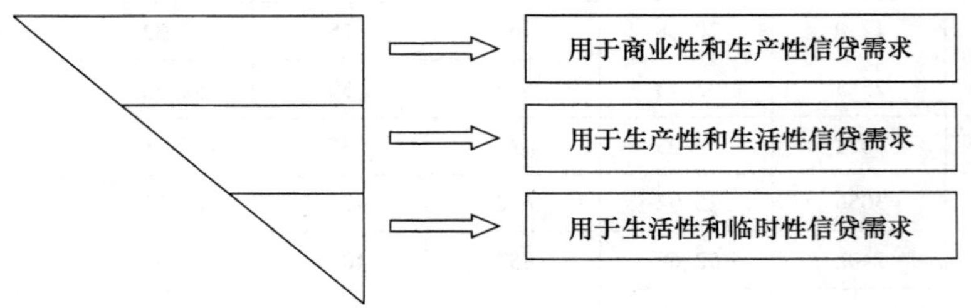

图6－3　不同信贷需求占农村信贷发放总额的大致比例

从上面的贷款投向来看，农村金融呈现一定的层次特点：一是商业性金融层面，这个层面由生产性和商业性贷款需求组成，如出外办厂、在家从事个体工商业、从事农业方面种养业等，这个层面的贷款需求远远超过了其存款余额，即严重占用了其他层面的存款资源。二是合作性金融需求层面，主要用于生活和消费上，如用于建房子、结婚、小孩读书、给家人看病等，这个层面的存款余额大，但贷款需求小。最后是互助性金融层面，这在表6－2中得不到反映，体现在第二章案例中展现的请客送礼方面，在本书中将之划归农村互助性金融层面。

而图6－3中，用于商业性和生产性信贷需求的大多是农村高收入者，用于生产性和生活性信贷需求的大多是中等收入者，用于生活性和临时性信贷需求的则大多是低收入者，如图6－4所示。

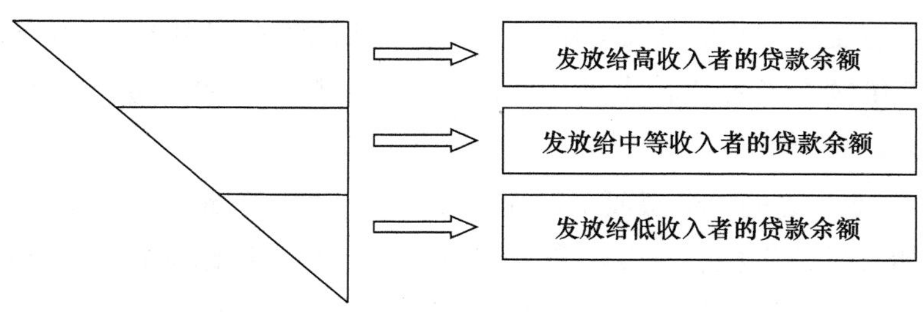

图 6－4　发放给不同收入者贷款余额占农村信贷总余额的比例

特别需要说明的是，图 6－3 和图 6－4 左边表示贷款的三角形面积，要比图 6－1 和图 6－2 中表示存款的三角形面积小得多。这一点，从本书第二章基层乡镇的存贷比明显偏低即可看出。把图 6－1 ~ 图 6－4 结合起来做进一步的分析，就会发现 8 家乡镇信用社的存贷款构成情况，存款余额中，贡献最大的是中低收入者，而来自高收入者的存款不多；贷款余额中，面向中低收入者发放的贷款不多，主要是发放给了当地的高收入者。简言之，用当地百姓的话表示，即“贷款的不存款、存款的不贷款”。话虽然极端了些，但反映出来的现象倒是客观现实的。

（四）金融自治区的形成

把上面四张图合并到一起，就形成图 6－5。

图 6－5 左边长方形阴影部分，是指乡镇信用社巨额的存贷差，这部分资金往往被转存、拆借到乡镇之外。据课题组调查，这部分资金被乡镇信用社转存到各自的上级联社，再由上级联社统一转存到省联合社资金营运中心，再由省联合社或拆借到其他金融机构，或用来购买各种金融债券，或用来发放到全省和全国

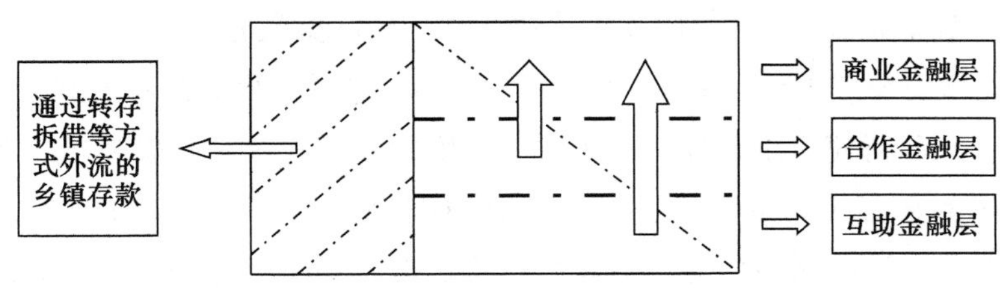

图 6－5　根据农户的不同金融状况划分的农村金融服务区

的大中型国有企业和其他重大工程。这也是本书在前文所述的，当前农村基层金融网点还在继续充当着“抽水机”的角色，把乡村宝贵的资金源源不断地抽调到乡村之外。

在图 6－5 右边的三个层面中，商业性金融是发育得最好的，现有的农村正式金融，如农村信用社、农业银行、邮政储蓄银行、村镇银行、小额信贷公司等，都是在这个领域开办业务并展开竞争的。不管是外出办厂，还是在家创业，或者是从事个体工商业等，只要有一定的积累和规模，都被上面各金融机构视为黄金客户。只是，这一层面的客户大多是贷款户，单户贷款余额大多在 5 万元以上，一般都有 10 万元或几十万元而很少存款，所贷资金来自农村中低收入层的存款。从我们的调查来看，这个层面的信贷资金不少是被借贷者带到外面开店办厂，图 6－5 左边被转存和拆借出去的阴影部分，乡村资金流失的现象是相当严重的，这正是当前我国不少农村经济和社会发展日益窘迫的重要原因。

在合作金融层面和互助金融层，农户给信用社提供了大部分存款，这些存款大多被外出开店办厂的人借贷出去，或者是被拆借和转贷走了。而提供大量存款的人，即乡村的中低收入者一旦有信贷需求则又较难以从信用社取得，往往只能通过非正式金融取得，如亲友间友情借贷，或者是通过请客送礼方式筹集。这种方式，一是所筹集资金有限；二是尽管不要支付利息，但隐含的人情成本越来越高，酒席越办越多，浪费越来越大；三是要消费大量时间和精力。

显然，这是农村金融中最不合理的，亟须改变。

能否在制度上网开一面，给出一块空间，从政策上允许农民自己开办一些合作性金融机构，或互助性信用组织，把农村社会中那些需要通过请客送礼才能筹资的、体现为血缘合作和地缘合作的隐性金融行为，转变成通过给付一定利息的、体现信用合作和契约合作的显性金融活动。即在条件成熟的地方，可直接让农民开办合作性或互助性金融组织，在条件暂时不成熟的地方，可以让农村已有的经济合作组织内部，增加金融合作和信用互助的功能。在开办或设立这些合作性、互助性信用组织时，政府要减少行政干预，增加服务引导。相信农民是能够办好自己的事情的，让农民充分行使其主动权，给予农民高度的自治权。在金融领域，让农民拥有自助金融的平台和空间。一旦这个平台运作起来并形成了稳定的赢利空间就会吸引一部分商业性金融资源参与。这样的自助金融加上商业金融，或许即可在农村经济社会中形成金融自治区了。图 6－5 就可转变成图 6－6。

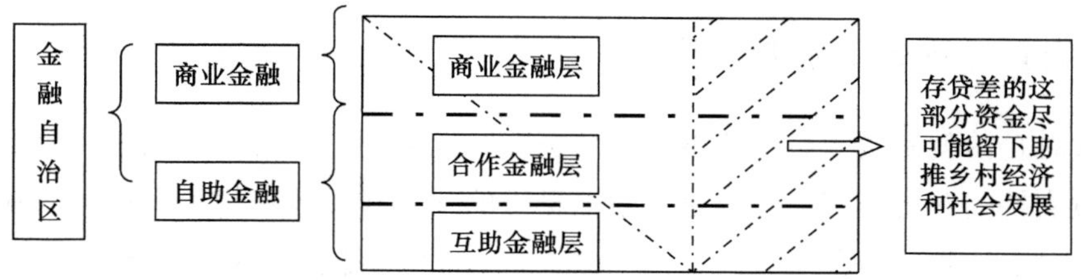

图6－6 发展合作金融和互助金融并由此形成金融自治区

图6－6中，对于合作金融层和互助金融层，由于其存款的来源大多是年轻人外出打工挣的劳务收入，每年寄回一点，逐年积累而成。存款的使用者大多是留守在家的老人、妇女和小孩，只有用钱消费的能力，而没有用钱生钱的生产和投资能力。鉴于其存款余额大，而贷款余额小，只会存钱，很少贷款的现状，要培育、开发其金融能力，借助金融的力量来发展生产、提高收入、改善生活的能力。当前的问题是如何把这些人组织起来，建立适合其年龄和体力特点的合作互助组织，开展生产，创造财富。

由于贷款的去处大多是村里的能人，在外面投资办厂，资金短缺，通过熟人关系或房产抵押，从家乡金融机构申请大笔贷款带到外面发展。因此，能否形成一种机制或创造若干条件，让这批人留在农村，带动众多乡亲共同发展呢？换句话说，与外面相比，当前的农村尤其是偏僻农村地区，在经济增长和社会发展中，还存在哪些不足和差距，这些不足和差距，能否通过政策支持和组织支撑得到改进和弥补，从而使广大农村地区能成为一个既宜居又宜业的地方。

图6－6中右边那部分被拆借、转存的巨额存贷差，能否通过政策引导和扶持，留在乡村用于当地经济建设和社会的发展呢？这方面能否借鉴日本农协的合作金库或中国台湾农会中的信用合作社的运行模式，培育农民的金融意识、优化农民的金融行为、简化金融的运行程序、创新金融服务的制度环境，从而为农村金融组织的发展创造较宽松自由的空间，让农民自己办金融，用自己办的金融为自己服务，在金融领域实现自我管理、自治管理。

即使是这一部分巨额的存贷差需要转存的，也只能转存到中央银行，再由中央银行转贷给政策性金融机构，用于农村基础设施方面的开发建设。

（五）金融自治及其实践

金融自治就是基于金融资本、社会资本和人力资本融合的视角，在市场机制和政策支持的共同作用下，通过金融对资源的配置和引领作用，在广大农村地区构建一种能让农户自我组织、自我实现的自助化金融服务体系。笔者在2006年对江西省各市县调研时想到并提出来，形成理论，写成文章。“农户的经济要自立，首要条件也是必要条件是要为农户创造或提供一种能够自助式服务的金融制度、金融机构、金融产品。在市场经济条件下，这一点尤其重要。通过强化自助式的金融服务，在广大农村建立金融自治区域，来全面满足中低收入农户的金融需求，增强其发展生产提高收入的能力。”①

很有意思的是，4年之后，中国农业银行浙江省分行系统就率先开展金融自治工作。农行台州分行副行长吴章强说，一方面农民有大量的金融需求满足不了，另一方面银行发展农村金融又面临着“五难”，即“可贷农户难选、放贷额度难定、贷款用途难管、管理成本难降、银行风险难控”。农行永康支行行长吕晓东称，在长期服务“三农”中，农行发现村“两委”有“五最”——最了解村民的人品和信用、最能管控农村的物权、最希望村民致富、最能及时识别农户贷款风险、最能协助银行化解农户贷款风险——正适合架起农民与银行之间的桥梁。何不与村“两委”一起为村民搞金融服务呢？

这样，一个以“六自”流程为核心的自治制度就出来了：客户自荐，农户向村两委提出贷款需求，经村“两委”公开筛选出诚信农户向农行推荐；担保自组，农户提供村“两委”认可的保证人；借款自主，贷款经过农行审核签约后，农户在额度和期限内随时通过“惠农通”等渠道获得贷款，利息按实际使用天数计算；用款自律，村民对贷款进行自我管理、自我约束、自我监督，确保贷款用于合法生产经营和生活消费；服务自助，农民足不出村就可通过设在村里的“惠农通”机具办理借款、还款、汇款、缴费等业务；守信自励，农行为每个村、每个农户提供的优先信用额度、利率优惠幅度等政策直接与各自的金融自治情况挂钩，自治情况越好，获得的优惠越多。

据农行浙江省分行行长冯建龙介绍，全浙江205个行政村获得“农村金融自

① 李似鸿：《金融需求、金融供给与乡村自治》，《管理世界》2010年第1期。

治村”的称号，截至2014年9月底，这些自治村的贷款余额为7.15亿元，惠及农户5858户，还没有发生过一笔逾期。[①] 2015年3月20日，中央电视台的新闻联播也对浙江省在乡村试行的金融自治进行了重点报道说，到当年2月底，浙江已有230个村与农行签订协议共建金融自治村，遍及全省所有的县。[②]

当然这里的金融自治，是指把成立合作性金融组织和互助性金融组织的主动权还给农民。事实上，传统中国的社、仓等形式就是村民自己创办、自己管理的合作性和互助性金融组织。前文案例中所述的，当下乡村在有重大事件发生时，通过办酒席请客送礼等方式筹集资金，也带有合作性和互助性金融的性质，是对当下合作性和互助性金融组织缺失的弥补行为。但这种筹资行为存在许多缺憾，如所费成本太大和所花时间太多，造成浪费和奢靡等，急需一种机制把村民这种隐形的合作互助金融行为，转换成显性的合作互助金融组织。机制中的重要内容就是要对农民赋权，让农民组织起来，实施自我管理，让农民自己打理属于自己的事务，就像日本和中国台湾的农会下设的信用合作社那样，让农民在一个组织范围内抱团发展。

尤其注意的是，这里的金融自治，是建立在金融和农村经济与社会的高度融合的基础上的，而不是离开农村经济和社会去谈金融自治，否则只能是空中楼阁。没有与实体经济融合，没有与农村经济社会融合，没有农村经济社会中农民组织的建立和发展，与其他范畴的金融一样，农村金融也很难有所作为。正如杨雄撰文所指出的，如果不加限制与矫正，金融发展会偏离社会发展的正常轨道，金融化世界与精神世界二律背反，人就只会沦为金融的奴隶，就会成为经济和社会发展中最大的衍生金融工具。[③]

（六）从金融自治到乡村自治

实施乡村自治，是指让乡村自我组织、自我管理。正如前文所述，每一乡村，都有其自身独特的地方知识、内部知识和具体知识，如果由只掌握国家知识、外部知识和一般知识的政府公务员来管理乡村往往是低效率和高成本的，还容易引发各种矛盾。“中央政府机构几乎不可能准确地了解农村村庄的困难和问

① 董伟：《金融自治能否破解农户贷款难》，《中国青年报》2014年11月17日。

② http：//news. cntv. cn/2015/03/20/VIDE1426850276318130. shtml.

③ 杨雄：《金融化世界与精神世界的二律背反》，《中国社会科学》2016年第1期。

题……同时，在大多数发展中国家，中央政府支付不起足够费用来聘用下层官员管理遥远农村的事务。”“这样，一个很好的方式就是加强当地人应对社会和经济变革的压力的能力，让他们能够用当地的方法处理当地的问题。”①

由金融自治走向乡村自治，与浙江经验过多借助村级干部的力量不同，要淡化乡村的行政力量，在市场机制的作用下，通过金融来引领并配置农村经济和社会资源，在充分尊重农民的自主权和选择权的前提下，鼓励农民建立真正意义上的合作互助组织，各种协会、基金会、理会事，各种联营、联盟、联合体、共同体等。所谓真正意义上的农民组织，是指大小事务由农民自己通过协商或投票的方式解决，同时还必须通过这些组织来协调、协商并处理农村经济和社会事务，培养并形成农民自我管理、自我监督进而自我治理的意识，为实现村民自治提供经济基础、社会基础和政治基础，并最终实现村民自治。

另外，乡镇和村组（有些地方已经没有了组一级）干部的职能，由目前的行政管理向生产和社会服务转型，鉴于现在和今后的农村生产日益专业化和专门化，农具也正在日益机械化，还会有更多更新的农业生产技术推广和应用，加上农村人口日益老龄化，在农业生产和生活中需要有越来越多的服务环节和服务部门，现有的基层干部应往这些方面转型，成为服务农村经济和社会的技术人员和各种业务的代办人员。具体路径可见图 6－7。

正如笔者曾经说过的，“金融自治与乡村自治本质上是发展农村经济，走向现代农业必经之路。金融自治，实质上是农户从已有的血缘合作、地缘合作如何走向信用合作、契约合作；资金来源于组织内各成员，也运用于组织内各成员，遇有较大事情，大家通过协商投票办法解决，在生产经营中，组织内成员抱团发展，相互促进，共同提高。而这也正是乡村自治的内涵和实质所在。而实行乡村自治，则是培养并提高农民民主意识、参政议政能力，进而提高其政治地位，争取并维护其自身更多合法权益，从而为农业生产的进一步发展和农民收入水平的进一步提高争取更好的条件，是农民提高经济和社会地位的政治保证。二者是相辅相成、互为促进的，也许这就是解决农村金融市场失灵的长效措施。”② 或许，这也是缓和“三农”问题，实现农村社会更加良性治理的可能选择。

① 弗兰克、艾利思：《农民经济学》，上海人民出版社，2006 年。

② 李似鸿：《金融需求、金融供给与乡村自治》，《管理世界》2010 年第 1 期。

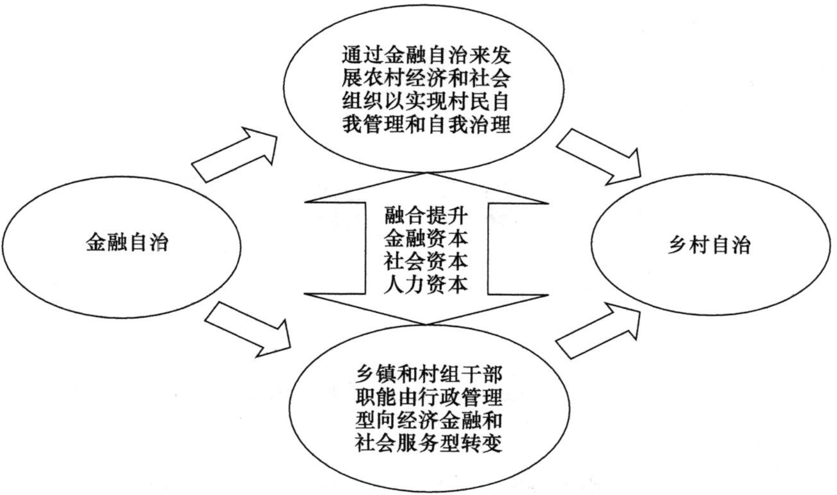

图 6－7　由金融自治走向乡村自治的构想

参考文献

[1] Mintz S W. A Note on the Definition of Peasantries. Journal of Peasant Studies, 1974 (3) .

[2] Harvey D. The Urbanization of Capital, Oxford: Basil Blackwell, 1985.

[3] Coleman J. Social Capital in the Creation of Human Capital. American Journal of Sociology, 1988 (94) .

[4] Montgomery J. Social Networks and Labor – Market Outcomes: Toward an Economic Analysis. American Economic Review, 1991, 81 (5) .

[5] Putnam R. with Robert Leonardi and Raffaella Y. Nanettli. Making Democracy Work: Civic Traditions in Modern Italy. Princeton University Press, 1993.

[6] Rhyne E and Maria Otero. Financial Services for Micro – Enterprises: Principles and Institution// Maria Otero and Elizabeth Rhyne (eds.) . The New World of Microenterprise Finance: Building Healthy Institutions for the Poor. London: Intermediate Technology Publications, 1994.

[7] Besley T, Coate S. Group Lending, Repayment Incentives and Social Collateral. Journal of Development Economics, 1995, 46 (1) .

[8] Leyshon A & Thrift. Geographies of Financial Exclusion: Financial Abandonment in Britain and the United States Transactions of the Institute of British Geographers. New Series, 1995 (20) .

[9] Ports A. Social Capital: Its Origins and Applications in Modern Sociology. Annual Review of Sociology, 1998 (24) .

[10] Kempson E & Whyley C. Kept out or Opted out? Understanding and Combating Financial Exclusion. The Policy Press, 1999.

[11] Cebulla A. A Geography of Insurance Exclusion: Perceptions of Unemployment Risk and Actuarial Risk Assessment. Area, 1999, 31 (2).

[12] Crittenden Kathleen S and Kelvin S Rodolfo. Bacolor Town and Pinatudobo Volcano: Coping with Recurrent Lahar Disaster//John Grattan and Robin Torrence (eds.). Natural Disasters, Catastrophism, and Cultural Change. One world Archaeology Series (London: Routledge) 2000.

[13] Fukuyama. Social Capital, Civil Society, and Development. The Third Work Quarterly, 2001 (22).

[14] http: //web. worldbank. org/WBSITE/EXTERNAL/TOPICS/EXTSOCIALD EVELOPMENT/EXTTSOCIALCAPITAL/0, contentMDK: 20185164 ~ menuPK: 418217 ~ pagePK: 148956 ~ piPK: 216618 ~ theSitePK: 401015, 00. html.

[15] Grootaert C, Van Bastelaer T. The Role of Social Capital in Development: An Empirical Assessment. Cambridge University Press, 2002.

[16] Stult & Williamson. Culture, openness, and finance. Journal of Financial Economics, 2003, 70 (3).

[17] Peachey S & A Roe. Access to Finance: A Study for the World Savings Banks Institute. Oxford Policy Management, 2006, 49 (1).

[18] Doligez & Lapenu. Stakes of Measuring Social Performance in Microfinance. Cerise Discussion Papers, 2006.

[19] Guiso S & Zingales. Does Culture Affect Economic Outcomes? Journal of Economic Perspectives, 2007, 20 (2).

[20] Claessens S, Perotti E. Finance and Inequality: Channels and Evidences. Journal of Comparative Economics, 2007 (2).

[21] Alpana V. Promoting Financial Inclusion: An Analysis of the Role of Banks. Indian Journal of Social Development, 2007, 7 (1).

[22] Beck T, Demirguc – Kunt A, Martinne Z Peria M S. Reaching Out: Access to and Use of Banking Services Across Countries. Journal of Financial Economics, 2007, 85 (1).

[23] Committee R. Report of the Committee on Financial Inclusion. Government of India, 2008.

[24] Sarma M. Index of Financial Inclusion. Indian Council for Reserch on International Economics Relations, 2008.

[25] Fuller D & M Mellor. Banking for the Poor: A Dressing the Needs of Financially Excluded Communities in Newcastle upon Tyne. Urban Studies, 2008, 45 (7).

[26] Demirguc – Kunt A & R Levine. Finance and Inequality: Theory and evidence. NBER Working Paper, No. w15275, 2009.

[27] Charkravarty S R & R Pal. Measuring Financial Inclusion: An Axiomatic Approach. Indira Gandhi Institute of Development Research Working Paper, No. 2010/2003, 2010.

[28] Arora R U. Measuring Financial Access, Griffith University. Discussion Paper in Economics, 2010 (7).

[29] Demirguc – Kunt A, Klapper L. Measuring Financial Inclusion: The Globle Findex Database. Policy Research Working Paper Series, No. 6025, April 2012.

[30] Regan & Paxton. Beyond Bank Accounts: Full Financial Inclusion. Production & Design by EMPHASIS, ISBN 1 86030 228 9, 2003.

[31] Cnaan R A, M Moodithaya & F Handy. Financial Inclusion: Lessons from Rural South India. Journal of Social Policy, 2012, 41 (1).

[32] Diniz E, Birochi R & Pozzebon M. Triggers and Barriers to Financial Inclusion: The Use of ICT – based Branchless Banking in an Amazon County, Electronic Commerce Reserch and Applications, 2012, 11 (5).

[33] Guillermo – Ortiz M. Experience from Inclusive Finance in Mexico. The G20 Summit, June 2012.

[34] Gimet C, Lagoarde – Segot T. Financial Sector Development and Access to Finance: Does Size Say It All? Emerging Markets Review, 2012, 13 (3).

[35] 让·巴蒂斯特·萨伊:《政治经济学概论》，商务印书馆，1982 年。

[36] 亚当·斯密，郭大力、王亚南译:《国民财富的性质和原因的研究》，商务印书馆，1981 年。

[37] 胡怀国:《亚当·斯密的思想渊源: 一种被忽略的学术传统》，《经济学动态》2011 年第 9 期。

［38］沈越：《论古典经济学的市民性质》，《经济研究》2013 年第 5 期。

［39］鲁道夫·法希亭：《金融资本》，商务印书馆，2007 年。

［40］张杰：《制度金融理论的新发展：文献述评》，《经济研究》2011 年第 3 期。

［41］孟捷、龚剑：《金融资本与“阶级—垄断地租”》，《中国社会科学》2014 年第 8 期。

［42］赫尔南多·索托，于海生译：《资本的秘密》，华夏出版社，2007 年。

［43］麦金农，卢骢译：《经济发展中的货币与资本》，上海三联书店，1988 年。

［44］布尔迪厄，包亚明译：《文化资本与社会炼金术》，上海人民出版社，1997 年。

［45］张文宏：《社会资本：理论争辩与经验研究》，《社会学研究》2003 年第 4 期。

［46］马得勇：《东亚地区社会资本研究》，天津人民出版社，2009 年。

［47］潘泽泉：《社会资本与社区建设》，《社会科学》2008 年第 7 期。

［48］戴志勇：《从社会资本的角度推动中国转型——对话法兰克福财经管理大学何梦笔教授》，《南方周末》2014 年 2 月 7 日。

［49］王春超、周先波：《社会资本能影响农民工收入吗?》，《管理世界》2013 年第 9 期。

［50］周广肃、樊刚、申广军：《收入差距、社会资本与健康水平》，《管理世界》2014 年第 7 期。

［51］徐勇：《农民理性的扩张：“中国奇迹”的创造主体分析》，《中国社会科学》2010 年第 1 期。

［52］西奥多·舒尔茨，蒋斌、张蘅译：《人力资本投资：教育和研究的作用》，商务印书馆，1990 年。

［53］加里·贝克尔：《人力资本》，北京大学出版社，1987 年。

［54］加里·贝克尔，郭虹等译：《人力资本理论：关于教育的理论和实证分析》，中信出版社，2007 年。

［55］雅各布·明塞尔，张凤林译：《人力资本研究》，中国经济出版社，2001 年。

［56］萨尔·霍夫曼，崔伟、张志强译：《劳动力市场经济学》，上海三联书

店，1989 年。

［57］陈宗胜：《发展经济学——从贫困走向富裕》，复旦大学出版社，2000 年。

［58］周兆海：《重视农村教育的三重面向》，《中国社会科学报》2015 年 10 月 8 日。

［59］王广禄：《以教育创新推动农业发展升级》，《中国社会科学报》2015 年 10 月 9 日。

［60］达斯古普诺，张慧东等译：《经济发展与社会资本观》//达斯古普诺、撒拉格尔丁编（2002），《社会资本：一个多角度的观点》，中国人民大学出版社，2005 年。

［61］什托姆普卡，陈胜利译：《信任：一种社会学理论》，中华书局，2005 年。

［62］徐贲：《信任让人活得放心》，《南方周末》2014 年 1 月 30 日。

［63］李似鸿：《金融需求、金融供给与乡村自治》，《管理世界》2010 年第 1 期。

［64］马克斯·韦伯，康乐、简惠美译：《新教伦理与资本主义精神》，广西师范大学出版社，2010 年。

［65］马克斯·韦伯，林荣远译：《经济与社会》，商务印书馆，2006 年。

［66］格奥尔格·席美尔，朱桂琴译：《货币哲学》，光明日报出版社，2009 年。

［67］奥斯特罗姆，曹荣湘等译：《流行的狂热抑或基本概念》，《走出“囚徒困境”：社会资本与制度分析》，上海三联书店，2003 年。

［68］黄晓晔：《信用与社会控制》，《科学与社会》2013 年第 4 期。

［69］乔耀章：《论社会治理与原则》，《阅江学刊》2013 年第 6 期。

［70］陆铭、周群力：《迈向儒法并重的市场经济》，《经济社会体制比较》2013 年第 4 期。

［71］王悠然：《美学者研究表明贫富差距阻碍社会合作》，《中国社会科学报》2015 年 9 月 18 日。

［72］姚晓丹：《分享型经济激发人们首创精神》，《中国社会科学报》2015 年 11 月 11 日。

［73］侯丽：《包容性经济增长重在公平与合理》，《中国社会科学报》2015 年 11 月 20 日。

［74］谢欣：《金融排斥、英国和美国的经验》，《银行家》2010 年第 7 期。

［75］王志军：《金融排斥：英国的经验》，《世界经济研究》2007 年第 2 期。

［76］何德旭、饶明：《我国农村金融市场供求失衡的成因分析：金融排斥视角》，《社会经济体制比较》2008 年第 2 期。

［77］许圣道、田霖：《我国农村地区金融排斥研究》，《金融研究》2008 年第 7 期。

［78］王修华：《新农村建设中的金融排斥及破解思路》，《农业经济问题》2009 年第 7 期。

［79］王修华、何梦、关键：《金融包容理论与实践研究进展》，《经济学动态》2014 年第 11 期。

［80］董晓琳、徐虹：《我国农村金融排斥影响因素的实证分析——基于县域金融机构网点分布的视角》，《金融研究》2012 年第 9 期。

［81］陈莎、周立：《中国农村金融地理排斥的空间差异——基于“金融密度”衡量指标体系的研究》，《银行家》2012 年第 7 期。

［82］杨胜刚、朱红：《中部塌陷、金融弱化与中部的金融支持》，《经济研究》2007 年第 5 期。

［83］李涛、王志芳、王海港、谭松涛：《中国城市居民的金融受排斥状况研究》，《经济研究》2010 年第 7 期。

［84］刘海二：《全球手机银行的现状、模式、监管与金融包容》，《上海金融》2013 年第 9 期。

［85］吴国华：《进一步完善中国农村普惠金融体系》，《经济社会体制比较》2013 年第 4 期。

［86］胡文涛：《普惠金融发展研究：以金融消费者保护为视角》，《经济社会体制比较》2015 年第 1 期。

［87］郭田勇、丁潇：《普惠金融的国际比较研究》，《国际金融研究》2015 年第 2 期。

［88］孙国茂、范跃进：《金融中心的本质、功能与路径选择》，《管理世界》2013 年第 11 期。

［89］王勋：《金融抑制与经济结构转型》，《经济研究》2013 年第 1 期。

［90］谢家智、王文涛、江源：《制造业金融化、政府控制与技术创新》，《经济学动态》2014 年第 11 期。

[91] 杨军、高鸿斋：《国内外金融抑制及其缓解路径》，《经济社会体制比较》2015 年第 2 期。

[92] 张正平、何广文、梁毅菲：《微型金融机构社会绩效研究进展述评》，《经济学动态》2012 年第 1 期。

[93] 王曙光：《乡土重建——农村金融与农民合作》，中国发展出版社，2009 年。

[94] 陈雨露、马勇：《中国农村金融论纲》，中国金融出版社，2010 年。

[95] 陈雨露：《中国农村金融发展的五个核心问题》，《中国金融》2010 年第 19 ~ 20 期。

[96] 许月丽、翟文杰：《农村金融补贴政策功能界定：市场失灵的弥补意味着什么?》，《金融研究》2015 年第 2 期。

[97] 何光辉、杨咸月：《小额金融机构监管的独特制度框架》，《金融研究》2007 年第 7 期。

[98] 郑敏盛、于点默：《小额贷款的理论、实践和危机》，《中国农村经济》2013 年第 7 期。

[99] 韩长赋：《正确认识和解决当今中国农民问题》，《求是》2014 年第 2 期。

[100] 谢平、徐忠、沈明高：《农村信用社改革绩效评价》，《金融研究》2006 年第 1 期。

[101] 陆磊、丁俊峰：《中国农村合作金融转型的理论分析》，《金融研究》2006 年第 6 期。

[102] Abhijit Banerjee、Esther Duflo：《将贷款发放给应得之人》，《比较》2010 年第 3 期。

[103] 阿尔文·莫斯考，齐蜀夫译：《洛克菲勒家史》，新华出版社，1979 年。

[104] 杨叙：《北欧社区》，中国社会出版社，2004 年。

[105] 甘犁、尹志超、贾男、徐舒、马双：《中国家庭金融调查 2012》，西南财经大学出版社，2012 年。

[106] 易宪容：《金融服务均等化概念被提出》，《证券日报》2012 年 9 月 24 日。

[107] 宋立：《实现城乡金融服务均等化的制度安排》，《人民论坛》2011 年第 28 期。

[108] 董伟：《金融自治能否破解农户贷款难》，《中国青年报》2014 年 11

月 17 日。

[109] http://news.cntv.cn/2015/03/20/VIDE1426850276318130.shtml.

[110] 程国强、朱满德：《中国工业化中期阶段的农业补贴制度与政策选择》，《管理世界》2012 年第 1 期。

[111] 赵杰：《政府建设新观察》，《南风窗》2013 年第 3 期。

[112] 刘颖娴：《当前中国农民专业合作社的困境与发展方向》，《中国农村经济》2013 年第 3 期。

[113] 高启杰：《美国合作推广服务改革的动向、原因与启示》，《中国农村经济》2013 年第 3 期。

[114] 于丽红：《美国农场信贷体系及其启示》，《农村经济问题》2015 年第 3 期。

[115] 郭远明、郭强：《江西推进农业现代化发展纪实》，《江西晨报》2014 年 1 月 5 日。

[116] 叶世昌、潘连贵：《中国古近代金融史》，复旦大学出版社，2004 年。

[117] 尤努斯，吴士宏译：《穷人的银行家》，生活·读书·新知三联书店，2006 年。

[118] 世界银行著，胡光宇、赵冰译：《以农业促发展——2008 年世界发展报告》，清华大学出版社，2008 年。

[119] 孟德拉斯，李培林译：《农民的终结》，社会科学文献出版社，2010 年。

[120] 祝爱武、李似鸿、曾斌：《农民增收的制度约束及其“矫正”》，《经济管理》2007 年第 8 期。

[121] 成功等：《让农民拥有自己的组织》，《南方周末》2006 年 9 月 28 日。

[122] 聂伟柱：《村镇银行异化之路：变相跨区棋子》，《第一财经日报》2012 年 11 月 2 日。

[123] 弗兰克·艾利思，胡景北译：《农民经济学》，上海人民出版社，2006 年。

[124] 詹姆斯·斯科特，王晓毅译，胡搏校：《国家的视角》，社会科学文献出版社，2011 年。

[125] 速水佑次郎、弗农·拉坦，吴伟东等译：《农业发展：国际前景》，商务印书馆，2014 年。

［126］曾康霖：《再论扶贫性金融》，《金融研究》2007 年第 3 期。

［127］林毅夫：《中国当前经济的主要问题与出路》，《经济学消息报》2007 年 6 月 8 日。

［128］中国科学院：《2012 年可持续发展战略报告》，http：//www. chinanews. com/gn/2012/03 – 12/3737442. shtml。

［129］胡鞍钢、马伟：《现代中国经济社会转型：从二元结构到四元结构（1949 ~2009）》，《清华大学学报》2012 年第 1 期。

［130］蔡昉：《二元经济作为一个发展阶段的形成过程》，《经济研究》2015 年第 7 期。

［131］胡滨、星焱：《金融支持城镇化：韩国的经验及对中国的启示》，《国际金融研究》2015 年第 3 期。

［132］宋亚平：《规模经营是农业现代化的必由之路吗》，《南方周末》2012 年 9 月 16 日。

［133］杨璐璐：《中国土地政策演进阶段性结构特征与经济发展转型》，《现代财经》2014 年第 2 期。

［134］汪晖、陈燕谷：《文化与公共性》，生活 · 读书 · 新知三联书店，1998 年。

［135］毛丹：《村庄前景系乎国家愿景》，《人文杂志》2012 年第 1 期。

［136］王学涛：《7 年消失近一半——拿什么拯救我们的古村落?》，http：//news. xinhuanet. com/politics/2012 – 10/11/c_ 113342489. shtml。

［137］田毅鹏：《“村落终结”与农民的再组织化》，《人文杂志》2012 年第 1 期。

［138］曹军新：《当前农村土地流转与金融资源配制的综合改革研究》，《经济社会体制比较》2015 年第 1 期。

［139］郝亚光、徐勇：《自治落地与厘清农村基层组织单元的划分标准》，《探索与争鸣》2015 年第 9 期。

［140］肖卫东、杜志雄：《家庭农场发展的荷兰样本：经营特征与制度实践》，《中国农村经济》2015 年第 2 期。

［141］罗剑朝、庸晖、庞玺成：《农地抵押融资运行模式国际比较及其启示》，《中国农村经济》2015 年第 3 期。

［142］郑勇军、叶志鹏、陈宇峰：《关系型治理与温州金融危机再考察》，《经济社会体制比较》2015 年第 2 期。

［143］陆志强、熊德平：《金融发展水平、大股东持股比例与村镇银行投入资本》，《中国农村经济》2015 年第 3 期。

［144］张川川、李涛：《文化经济学研究的国际动态》，《经济学动态》2015 年第 1 期。

［145］郑凤田：《中国食品安全问题与解决之道》，《苏州大学学报》2013 年第 1 期。

［146］陈长石、刘晨晖：《中国式"金融发展悖论"与私营企业转型投资决策》，《经济学动态》2015 年第 2 期。

［147］王国刚、董裕平：《中国金融体系改革的系统构想》，《经济学动态》2015 年第 3 期。

［148］谢平、石午光：《金融产品货币化的理论探索》，《国际金融研究》2016 年第 2 期。

［149］焦长权、周飞舟：《"资本下乡"与村庄再造》，《中国社会科学》2016 年第 1 期。

［150］杨雄：《金融化世界与精神世界的二律背反》，《中国社会科学》2016 年第 1 期。

后　记

1984年，我考入江西银行学校农村金融专业，1986年毕业后留校教书，分配在农村金融、外汇和保险教研室，讲授《农业信贷》、《农业经济》等课程。如今，依然站在讲台，讲授《金融学》、《农业经济学》等课程。一晃30多年过去了，讲台下的学生不少已经是父子或母女两代人了。

30多年来，不能忘怀的还是自己的母亲。我出生在一个至今还是国家级的贫困县，来省城读书时，弟妹也正在读书，父母二人要负担四个书包，仅凭锄头镰刀，日子过得相当紧巴。每年开学的日子就是父母亲向亲友借钱的日子，在叫担石那个沿河而建的村落带，父亲往下，母亲溯上，挨家挨户为儿女借学费去。记得1985年暑期，我和弟妹在家帮着“双抢”，整个假期，家里都舍不得买肉吃。假期结束，我要回省城上学。母亲说，回家40多天干得都是重活，还没有吃片肉就走，为娘心里不忍呀。我说，我在省城天天有肉吃呢。母亲说，听说某某地方今天杀猪，你先到村后的马路上等班车，我去看看，能否买点肉，给你做碗肉片汤。那时县城通乡村的班车一天只一趟，要在马路边早早地等着，否则就进不了城。我等了1个多小时，车来了。我上了车，这时，只见母亲一只手端着碗，另一只手向我这边摇晃，同时急急地往马路这边赶着。

这碗肉片汤没能喝上，却注定了我将用一辈子的时间，来关注农村的贫困问题，关注着能否用金融的手段来帮助贫困农户开展生产活动，提高生活水平。这就有了后来发表在《经济管理》上的《农民增收的制度约束及其“矫正”》，发表在《管理世界》上的《金融需求、金融供给与乡村自治——基于贫困地区农户金融行为的考察》，发表在《金融教育研究》上的《改革农村金融服务“最后一公里”的思考》（上、下），发表在《内部论坛》上供省委省政府领导参考的《“精准扶贫”的金融调研与政策建议》等，当然也就有了本书。

本书是国家社科基金一般规划项目《农村金融在创新农村社会管理中的作用研究》（12BJY093）的最终成果。尽管本书的写作过程，相当艰辛和痛苦，但我对本书却并不满意。写作本书时，适逢学院的学生人数快速增长的时候，而教师队伍又没有办法相应增加，同时，学院还连续10多年承接了省农村信用社的新员工培训工作，本科生、研究生加上培训班的课，每周都有30多节，白天过于劳累，晚上却又不得不枯坐台灯下，在规定的时间内完成项目的研究和写作，辛苦异常，直到病倒住院。

本书得以出版，当然要感谢国家社科基金的资助和各位评审专家的中肯意见，感谢学院的大力支持以及书中所涉及的各家金融机构的援手。感谢讲台下一批又一批的学生，正是有了你们才得以教学相长。当然，还要感谢经济管理出版社，肯出版这本小书。书中不足之处，则完全由作者承担。

这里，我要把出版的第一本书，献给我的母亲。愿她老人家，在另一个世界里，免于匮乏之苦。

2016年，岁末。